Ulrich Eggers · Gemeinschaft — lebenslänglich

Ulrich Eggers

Gemeinschaft – lebenslänglich

Deutsche Hutterer
in den USA

R. BROCKHAUS VERLAG WUPPERTAL

R. Brockhaus Taschenbuch Bd. 395

2. Auflage 1986

Druck: BV-Druck Witten
Bildnachweis:
Titel, Nr. 1, 2, 4, 6, 15, 16, 21–24, 27, 29, 31, 32:
Plough-Publishing, USA
Nr. 7, 8, 10, 11, 20, 28; Rückentitel: Christel Eggers, Witten
Nr. 3, 5, 9, 12–14, 17–19, 25, 26, 30, 33–36:
Ulrich Eggers, Witten
ISBN 3-417-20395-3

Meinen Eltern

Wenn das Weizenkorn
nicht in die Erde fällt und stirbt,
bleibt es ein einzelnes Korn;
Wenn es aber stirbt,
bringt es viel Frucht.

Die Bibel,
Johannes 12, 24

1 Zwei schwitzen, und einem wird ganz heiß

Da standen wir nun: Meine Frau Christel, unser Freund Kalle und ich, 6 000 km von zu Hause entfernt in der staubigen Nachmittagshitze der Busstation von New Paltz im Staat New York an der Ostküste der USA. Neben uns ein Häuflein Gepäck und ein paar andere Fahrgäste des „Adirondack Trailways"-Busses, der uns in dieses müde, einst von deutschen Auswanderern gegründete Städtchen gebracht hatte.

Wir waren auf der Suche nach einem Stückchen lebendiger deutscher Kirchengeschichte, der urchristlichen Bruderhofgemeinschaft des deutschen Theologen Eberhard Arnold, einst 1920 von ihm in der Rhön gegründet und heute nach 60 Jahren hierher in die USA verschlagen. 400 alte und junge Menschen, die nicht nur von der Bergpredigt redeten, sondern sie wirklich lebten — so hatten wir es gehört.

Vor gut drei Stunden waren wir tief unter der fiebrignervösen 42. Straße in New Yorks riesigem zentralem Busbahnhof abgefahren. Wir hatten uns in einem Tunnel unter Manhattan und dem Hudson-River durchgezwängt und waren nach endlos-häßlichen Vororten, übersät mit Werbetafeln, wirr hin- und herlaufenden Leitungsmasten und ständig neu aus der Erde wachsenden Shopping-Centern endlich dem Dunstkreis der New Yorker Betonlandschaft entkommen. Vor uns lag ein leicht gewelltes Hügelland, wie ein deutsches Mittelgebirge vielleicht. Saftig grüne Wälder, eine richtige Landschaft eben — kaum mehr erhofft nach dieser riesigen, faszinierenden, nervtötenden Stadt. Nur noch gelegentlich traute sich jetzt eine der riesigen Billboards in den Wald neben der Straße, um zu verkünden, daß McDonalds an der Exit 19 auch Busse willkommen heißt.

New York hatte uns geschafft. Der anstrengende Flug, sechs Stunden Zeitdifferenz, durchgeschüttelt von der Fahrt über die kaputten Highways. Wir sehnten uns nach nichts mehr als ein bißchen Ruhe, einer hinter uns geschlossenen Zimmertür, einem kalten Getränk mit klingelnden Eiswürfeln. Laß mich zufrieden mit Amerika!

Aber die Wirklichkeit war anders. Als wir uns aus dem merkwürdig nach Weihrauch stinkenden, aber immerhin klimaveranlagten Bus gezwängt hatten, haute uns die Hitze fast um. Das traf einen wie ein körperlicher Schlag. Der Asphalt des Parkplatzes schien vor Hitze zu dampfen.

Mensch, warum hatte uns das denn keiner gesagt, daß hier im Juni eine derartig feucht-tropische Hitze herrscht?

Meine gut vorgereizten Nerven begannen Panikstimmung zu produzieren.

Wie soll ich das bloß die ganze Zeit aushalten hier? Nicht mal die kümmerliche Baracke der Busstation mit großer Uhr und Sternenbanner über dem Giebel schien Schutz zu bieten.

Wer hatte bloß die blöde Idee gehabt, hierher zu fahren? Und jetzt auch noch eine anstrengende Begrüßungsorgie über sich ergehen lassen — und das bei meinem Englisch?

Die Frage, ob wir uns nicht erstmal ein bißchen in Ruhe hinsetzen und durchatmen sollen, wird von der Hitze entschieden. Hier halte ich es nicht länger aus. Bäche und

Seen von Schweiß haben sich mittlerweile gebildet. Also telefonieren.

Wo ist hier ein Telefon? Ah, da rechts an der Baracke haben sie eine Kabine an die Wand geschraubt. Also die Nummer rausgesucht:

„Hutterian Society of Brothers, Woodcrest Bruderhof, Rifton."

Als ich den Hörer abheben will, sehe ich, daß gar keiner dran ist am Telefonkasten, nur ein Kabelrest baumelt links an der Seite. Also ein anderes suchen.

Drinnen in der Baracke ein geschlossener Ticketschalter. An ein paar wackeligen Tischen sitzen einige junge Leute und nuckeln an einer Cola. Tatsächlich, da hängt noch ein Telefon. Ich nehme den Hörer ab und horche. Es passiert nichts. Nochmal Instruktionen lesen: Also, Hörer abnehmen, ach so, 25 Cents auf die Rinne legen. Jetzt klappt's, der Wählton kommt. Die Nummer, warte, area code, 0 vorwählen oder 1? Sieht aus wie 0. Ich probiere: 0 914 558, verflixt! Nochmal, verwählt!

0 914 658 3141, jawohl, jetzt hat's geklappt.

Wieder passiert gar nichts. Ich horche geduldig, horche, nichts! Auflegen, nochmal versuchen, wieder nichts!

Langsam werden die jungen Leute im Warteraum auf mich aufmerksam. Mann, ist das peinlich! Nicht mal telefonieren kann ich hier. Komme ich denn aus dem Urwald? Nochmal die Instruktionen lesen. Aha, 1 vorwählen ist richtig, also 1 914. . . es piept elektronisch, dann eine Stimme:

„Wouldyoupleasedepositseventyfivecentsforthenextthreeminutes?" Äh, pardon? Ich habe nichts verstanden. Vor Schreck lege ich erstmal wieder auf.

Die jungen Leute gucken interessiert zu mir rüber, nein,

sowas haben sie wirklich lange nicht mehr gesehen. Hoffentlich kommen die jetzt nicht gleich her und wollen mir helfen, ich verstehe die doch bestimmt nicht so schnell!

Am besten gehe ich jetzt erst mal in den Waschraum, neuen Mut sammeln. Kalle und Christel sitzen draußen auf der Veranda und warten. Ah, jedenfalls kühles Wasser haben die hier.

So, Junge, nun mal los, das muß doch zu schaffen sein.

Also, 1 914 . . . tatsächlich, diesmal verstehe ich halbwegs, packe noch 75 Cents auf die Rinne des Apparates, und jetzt klingelt es tatsächlich irgendwo! Und dann eine Stimme. Frisch, jung und klar:

„Society of Brothers. Oh, yes, welcome! Wir haben auf euch gewartet. Wo seid ihr? Ja, wir holen euch ab! Bis gleich!“

Erleichtert und richtig dankbar hänge ich auf und fühle mich schon gleich gar nicht mehr so ausgesetzt in diesem riesigen Land.

Merklich selbstbewußter gehe ich an den jungen Leuten vorbei nach draußen.

„Es hat geklappt! Sie holen uns ab.“

Als ich mich erleichtert zu den anderen auf die Bank setze, merke ich, wie sich Jeans und Hemd klatschnaß gegen die Lehne quetschen. Aufregung und Hitze. Vorsichtig strecke ich mich aus auf der Bank. Jetzt heißt es warten. Meine Gedanken fangen an zu wandern. Ein merkwürdig unwirkliches Gefühl ist das. Da sitzt man so weit weg von Daheim auf einer Bank und wartet, stinknormal eigentlich, und doch . . .

Wie hatte eigentlich alles angefangen? War das jetzt dieses Buch über, nein, der Anruf damals, oder, ja, auf dem Musik-Festival in England war es. Eigentlich wollte ich mir ein paar der neuerschienenen Bücher von den großen Büchertischen mitnehmen, die sie aufgebaut hatten. So ungefähr wußte ich schon, welche Titel es sein sollten. Dann sah ich den kleinen Tisch mit Heften und Broschüren. Um irgendwelche Mennoniten ging es da offensichtlich. Auch einige Bücher waren dabei. „Torches Together", las ich. „Life and story of the Bruderhof communities." Bruderhof? Das klang deutsch. Wieso lag das hier auf einem englischen Büchertisch? Mal reingucken. Fotos: „The Rhön Bruderhof", jugendbewegt aussehende Leute auf einem Hügel mit Blick ins Land. Interessant! Schnell hatte ich mich festgelesen — und so hatte es angefangen. Statt mit einem Haufen Neuerscheinungen war ich mit einem einzigen Buch wiedergekommen: „Torches Together" von Emmy Arnold, gekauft an einem kleinen Büchertisch bei einer alten Dame mit weißgepunktetem schwarzem Kopftuch.

Emmy Arnold, Eberhard Arnold — zum ersten Mal begegnen mir diese Namen. Menschen, die aktiv waren in einer wildbewegten Zeit: Der Erste Weltkrieg verloren, Revolution auf den Straßen, Enttäuschung, Staatsverdrossenheit, Hunger. Aber auch Suche nach neuen Wegen. Radikale Gruppen entstehen, die Jugendbewegung hat ihre Blütezeit. Mittendrin der junge Theologe Arnold, durch die Kriegserfahrungen zum absoluten Pazifisten geworden, mit Plänen und Träumen von einer neuen, radikalen, gewaltlosen Gemeinschaft, die damit beginnt, die Bergpredigt des Neuen Testaments wörtlich zu nehmen.

Immer wieder stoße ich auf verblüffende Analogien zu unserer heutigen Situation: Hoffnungslosigkeit, Angst, Depression — aber auch Neuaufbruch, neue Ideen, neue Wege. „Torches Together", die Geschichte der Bruderhöfe, die Geschichte Eberhard Arnolds, das ist hochaktuell, merke ich. Das ist unsere Situation, das sind unsere Fragen, unsere Probleme — vielleicht auch Antworten für uns?

Zurück in Deutschland suche ich nach weiteren Büchern über Eberhard Arnold. Enttäuschend, es gibt fast nichts. Man scheint ihn vergessen zu haben.

Ich schlage im Lexikon nach. Doch, da steht einiges: Geboren 26. 7. 1883, Sohn des Theologen Carl Franklin Arnold, Breslau. Gutbürgerlicher Hintergrund also. 1909 promoviert Eberhard Arnold zum Doktor der Philosophie.

Naja, trockene Daten. — Wie aber kommt es zu dieser aufregenden Geschichte mit der urchristlichen Kommune?

Nach und nach arbeite ich mich weiter durch den englischen Text des Buches, finde mehr. Noch bin ich nicht zur Hälfte durchgekommen, da geht meine eigene Geschichte mit den Bruderhöfen weiter:

Ich stehe vor der Ramschkiste eines Hamburger Antiquariats und suche die Stapel alter Broschüren und Bücher durch. 1,— DM pro Stück stand an dem Ständer, und so sehen die Bücher auch aus. Schund! Aber da, ein dünnes Büchlein, verschnörkelte Schrift: „Joan Mary Fry, Das Sakrament des Lebens, Neuwerk-Verlag, Schlüchtern."

Das habe ich doch gerade gelesen! Das ist doch der Verlag, den Arnold auf dem ersten Bruderhof in Sannerz geleitet hat . . .

Eine Woche später irgendwo auf einem Flohmarkt in einem Einkaufszentrum. Eine Hausfrau hinter ihrem Tapeziertisch, ein Wäschekorb mit Büchern davor. Als passionierten Bücherwurm läßt mich das nicht kalt, wieder beginne ich zu wühlen . . . und halte keine zehn Sekunden später ein hellblaues Buch in meiner Hand. „Die Geschichte des DCSV“, lese ich. DCSV? Habe ich doch auch gerade gelesen! Deutsche Christliche Studenten-Vereinigung. Da war doch der Arnold lange Zeit Vorsitzender.

Schnell sehe ich mal hinten ins Stichwortverzeichnis, richtig: Eberhard Arnold, mehrere Verweisstellen im Text. Nachdem das Buch für eine lächerliche Mark seinen Besitzer gewechselt hat, wird mir langsam unheimlich. Das kann ja bald kein Zufall mehr sein.

Mittlerweile bin ich mit Emmy Arnolds Buch soweit, daß ich beschließe, brieflich bei dem amerikanischen Verlag um die Genehmigung für die auszugsweise Übersetzung für unsere Zeitschrift anzufragen. Das müssen die Leute lesen!

Eine Woche später stehen wir zu dritt in unserer kleinen Küche und kochen gemeinsam Mittagessen, meine Frau, unsere Freundin Britta und ich. Gerade erzähle ich begeistert von „Torches Together“, lese einige besonders interessante Passagen vor, da klingelt das Telefon. Ich gehe hin, nehme ab. Eine tiefe, leicht amerikanisch klingende Stimme:

„Hallo, hier ist Hermann Arnold vom Bruderhof. Wir sind gerade hier in Deutschland unterwegs. Der Verlag hat von Amerika angerufen und euren Brief durchtelefoniert. Da wollte ich mich gleich mal melden . . .“

Mir wird ganz schwach in den Beinen: Das ist fast so, als würde man von der Geschichte eingeholt. Im Gespräch stellt sich heraus, daß Hermann Arnold der Neffe Eberhards ist, 1935 zum Bruderhof gestoßen. Er erzählt einiges über die Bruderhöfe. Erwähnt Michael Holzachs Buch „Das vergessene Volk“ über die kanadischen Hutterer, das wir gerade in unserer Zeitschrift auszugsweise nachdrucken. Mir wird klar, daß ich hinten in „Torches Together" gerade gelesen habe, daß die Bruderhöfe seit 1974 wieder zu den Hutterern gehören. Ich frage mich, was da wohl für ein Mensch am anderen Ende der Leitung sitzt.

„Ja, der Michael Holzach hat schon in vielen Sachen recht, leider! Es stimmt vieles, was er da geschrieben hat", höre ich durch die Leitung.

„Wir Bruderhöfer tragen auch Tracht", erklärt Hermann Arnold, „weil wir ja auch in Eintracht leben. Aber wir sind doch ein ganzes Stück anders geprägt als die kanadischen Brüder. Wir haben uns den Hutterern ja auch deswegen angeschlossen, weil wir einfach nicht eine der vielen kleinen Sekten sein wollten."

Zwischendurch muß ich mir immer mal ins Bein kneifen. Vor vier Wochen wußte ich noch nichts von Bruderhöfen und Eberhard Arnold — und jetzt rede ich mit einem Verwandten von ihm.

Er erzählt über die Zeit in Paraguay, dem einzigen Land, das sie 1940, nach ihrer Flucht aus Deutschland, aufnehmen wollte.

„Wir haben gehungert", erzählt er. „Das war unsere Wüste, innerlich und äußerlich: Eine schwere Zeit."

Er berichtet, daß er gerade die Manuskripte der deutschen Ausgabe von „Torches Together" beim Verlag abgeliefert hat. In einigen Monaten soll das Buch hier erscheinen. Da ist mir also einer zuvorgekommen . . .

„Eberhard Arnold hatte übrigens eine Schwester in Hamburg, eine Diakonisse, Hannah Arnold hieß sie. Sie gehörte zu einer Gemeinde am, warte mal, wie hieß das noch, Holstenwall oder so. Kennst du die?"

Mich überrascht mittlerweile gar nichts mehr.

„Ja", sage ich, „kenne ich. Das ist die Gemeinde, zu der

wir gehen! Und den Namen Hannah Arnold habe ich auch schon gehört. Aber ich wußte ja nicht . . ."

„Ratet mal, wer eben angerufen hat", sage ich, als ich in die Küche zurückkomme . . .

Einige Tage später bekomme ich ein dickes Paket, voll mit Büchern über den Bruderhof. Alle hergestellt in der eigenen Druckerei auf einem der vier Arnoldschen Bruderhöfe, die es heute gibt: drei in den USA, einer in England.

Langsam wandern meine Gedanken zurück in die Gegenwart. Kalle und Christel sehen sich intensiv jedes Auto an, das auf den Parkplatz des Busbahnhofs fährt. Sind sie das wohl? Und — wie werden sie überhaupt sein?

Ständig geistern Bilder aus Michael Holzachs Buch in meinem Hinterkopf herum. Ich denke an die totale Sittenstrenge der kanadischen Hutterer. An ihr isoliertes Leben, an stundenlange Gottesdienste, eintönige Lieder mit mehr als hundert Strophen. Denke daran, daß es auf hutterischen Höfen keine Blumen gibt, weil das eine unerlaubte „Augenlust" ist — ebenso wie Bilder an den Wänden oder farbenfrohe Kleidung. Schrecklich streng und bedrückend muß das sein.

Klar, sage ich mir, so sind die hier wohl nicht. Aber wie sind sie dann? Ich denke an die Worte eines Bekannten, der vor ein paar Jahren schon einmal auf dem Woodcrest-Bruderhof zu Besuch gewesen ist.

„Naja, das ist ganz interessant", sagte er. „Aber die Leute sind nicht so ganz dran an der heutigen Zeit. Es ist alles ein bißchen wie in den zwanziger Jahren in Deutschland, als ob die Zeit stehengeblieben wäre."

Irgendwo zwischen diesen Polen bewegt sich mein Bild, nicht genau festgelegt. Irgendwas zwischen einem strengen Hutterer, einem normalen Gemeindechristen und jugendbewegten Volkstänzern. Nein, der dicke Blechkreuzer da vorne? Kann ich mir nicht vorstellen, daß die mit so einem Auto kommen. Oder da, die junge Frau, die jetzt schräg über den Parkplatz auf uns zusteuert? Ach nein, die raucht, das kann nicht angehen. Bruderhöfer rauchen nicht. Da hat es doch mal schwere Auseinandersetzungen mit den Althutterern gegeben, 1937, als sie sich schon einmal den Hutterern angeschlossen hatten. Damals war das Rauchen und das laute Lachen einer der Trennungsgründe gewesen, hatte ich gelesen.

Jetzt wieder ein Straßenkreuzer. Nein, kann wirklich nicht sein. Die kommen bestimmt mit so einem Mini-Bus, mehr Hutterer-like oder vielleicht mit einem kleinen Laster mit offener Ladefläche und ein paar Säcken Weizen hintendrauf. Es dauert. Meine Gedanken wandern wieder zurück.

Es hatte noch einige Zufälle gegeben, die mit schuld daran waren, daß wir jetzt hier saßen. Als Abschluß des Nachdrucks von Michael Holzachs Hutterer-Buch in unserer Zeitschrift hatten wir ein Interview mit dem jungen Journalisten gemacht — zwei Monate vor seinem tragischen Tod in der Hochwasser führenden Emscher irgendwo bei Dortmund. Wir hatten Holzach in einem alten Heidehaus in der Nähe von Fallingbostel besucht, wo er zusammen mit Feldmann lebte, dem Hundefreund seiner „Deutschland-umsonst“-Reise. Er hatte sich in diese alte Heidevilla als „Verwalter“ zurückgezogen, führte ab und zu mal Kaufwillige durch das Haus und lebte für das Aufpassen mietfrei und frei vom immer stärker werdenden Presserummel um ihn.

Lange haben wir über seine Zeit bei den Hutterern gesprochen. Man merkte ihm immer noch an, wie stark ihn diese Zeit bewegt hatte. Er zeigte uns seine Hutterermütze „mit Feder dran“ (unerlaubte „Augenlust“.. .), erzählte, wie gern er die handgenähten Hemden und Hosen aus seiner Huttererzeit tragen würde, wie sie ihm ein Stück Heimatgefühl gäben, Sicherheit.

Später berichteten wir ihm dann von unserer „Neuentdeckung“, den deutschen, jugendbewegten Arnoldschen Hutterern.

„Kenne ich“, sagte er darauf, zog aus einem Bord Eberhard Arnolds Buch „Salz und Licht“ heraus und erzählte, daß er die ganze Geschichte gelesen und auf seiner „Deutschland-umsonst“-Tour sogar versucht habe, den alten Rhönbruderhof wiederzufinden, aber leider nicht drauf gestoßen sei. Also — auch Holzach kannte die Bruderhofgeschichte, wieder war uns Eberhard Arnold begegnet.

Später trafen wir jemand, der schon auf den Bruderhöfen gewesen war, hörten erste Eindrücke. Durch den Vorabdruck von „Torches Together“ oder „Gegen den Strom“, wie die deutsche Ausgabe dann schließlich hieß, kam ich zu noch mehr Informationen über die Gemeinschaft. Ich erfuhr die Adresse eines alten Mannes, eines Baptisten, der 1932 als junger Arbeitsloser zu einem freiwilligen Einsatz auf dem Rhönbruderhof gewesen war. Eine harte Zeit für die jungen Städter, die zur Arbeit auf den asketisch und ärmlich lebenden Rhönhof kamen.

Das alles war ja nicht nur deswegen für mich interessant, weil ich Redakteur einer Zeitschrift bin, die sich mit radikalem, zeitgemäßem Christsein beschäftigt. Das war ja auch meine eigene Situation. Die Bergpredigt ernst nehmen, radikaler leben, nicht ständig auf die Machbarkeit zu schielen, ein einfacher, weltverantwortlicher Lebensstil, Gewaltlosigkeit — all das waren Bereiche, über die ich viel nachgedacht hatte und die ich gern in die Praxis umsetzen wollte. Deswegen war mein Interesse an gelebten Modellen schon immer groß gewesen. Und jetzt dies, diese lebendige Mischung aus Radikalität, nostalgisch-anziehender Jugendbewegung der zwanziger Jahre und einer abenteuerlichen Geschichte von Menschen, die schon seit mehreren Generationen in urchristlicher Gemeinschaft lebten.

Auf der anderen Seite hatte ich schon immer den Wunsch gehabt, mal in die USA zu fahren. Der hohe Preis und unser Wunsch nach einem einfachen Lebensstil hatten das bisher verhindert. Aber dies war eine Chance. Kein Tourismus, sondern ganz nah dran an meinem eigenen Leben, an unserer Zeit, an meinen Fragen . . . Der Brief nach Woodcrest ging ab!

Einige Wochen später die Antwort. Robert Rimes, der für die Gäste zuständige Bruder, schrieb uns nähere Einzelheiten. In meinen nostalgischen Träumen hatte ich natürlich versuchen wollen, auf dem Bruderhof irgendwo in der Landwirtschaft zu arbeiten. Endlich mal was anderes als am Schreibtisch!

Jetzt erfuhr ich, daß die Bruderhöfe so gut wie gar keine Landwirtschaft haben und daß wir irgendwoanders eingesetzt werden würden. Beigelegt war ein gedruckter Gästebrief mit Kurzinformationen über das Leben der Bruderhöfer und vielen Warnungen — Zuckerbrot und Peitsche:

„Der Bruderhof hat eine offene Tür für alle. Aber niemand sollte ein Gast bleiben, wir haben nur Mitarbeiter. Durch die gemeinsame Arbeit lernt man sich weit besser kennen und erfährt etwas über die Natur unseres Zusammenlebens. Wir nehmen an, daß alle, die zu uns kommen, suchend und fragend sind. Wir werden jeden, der nicht

von selbst über unsere Gemeinschaft und uns Fragen stellt, fragen, was er unter uns sucht. Alle Gäste werden davor gewarnt, ein voreiliges und unreifes Urteil über uns zu fällen. Wir möchten niemand bei uns haben, der nur aus akademischem Interesse zu uns kommt. Jemand, der gegen das Zeugnis und die Wahrheit der Propheten und Apostel, der frühen Christen oder der Hutterer arbeitet, kann nicht bei uns bleiben."

Irgendwann muß doch jetzt einmal jemand vom Bruderhof um die Ecke biegen und uns abholen! Schließlich ist es dann auch so weit: Ein blauer Dodge-Mini-Bus (mit Klimaanlage, uff!) parkt ein. Ja, das sind sie! Zwei Männer steigen aus. Einer im grünen Hemd, Hosenträger, etwas klobige Schuhe, Bart, wie ein pensionierter Oberförster aussehend: Hermann Arnold, mein Telefonpartner, extra vom New-Meadow-Run-Bruderhof in Pennsylvania herübergekommen und unser treuer Ansprechpartner in den nächsten Wochen. Mit dabei im leuchtend blauen Hemd, braungebrannt und auch er die Inkarnation eines Deutschen: Danni Meier, sympathischer Mittvierziger . . . und eigentlich Schweizer.

Ach ja, fällt mir ein, das muß ein Sohn vom Hans Meier sein, der nach der Auflösung des Rhönbruderhofs durch die SS für drei Monate im Gefängnis gesessen hat und nur mit knapper Not dem KZ entkommen ist. Wieder holt die geschriebene Geschichte die Wirklichkeit ein.

2 Gasthaus Lotzenius, Hinterzimmer

Bis zu Eberhard Arnolds 16. Lebensjahr hatte eigentlich nichts darauf hingedeutet, daß er einmal der Begründer einer „alternativen Kommune“ werden würde. Zwar fühlte er sich zum Kummer seiner bürgerlichen Eltern schon immer mehr zu armen und am Rande stehenden Menschen hingezogen — einfach, weil sie ihm echter und warmherziger erschienen als die in Konventionen befangene obere Mittelschicht, der seine Eltern angehörten —, aber derartig revolutionäre Gedanken, wie sie sich später in den Bruderhöfen niederschlugen, waren noch nicht von ihm zu hören.

Angefangen hatte eigentlich alles mit Eberhards Onkel in Berlin, einem evangelischen Pfarrer. Durch sein praktisches, überzeugendes Christsein und sein Eintreten für die Armen des Pfarrbezirks lernte Eberhard zum ersten Mal einen Christen kennen, der ganz anders war als seine bürgerlich-religiösen Eltern.

Eberhard wollte mehr wissen. Wo war die Quelle für dieses erfrischende, überzeugende Leben seines Onkels? Mit Eifer stürzte er sich in die Suche, sprach mit anderen darüber, dachte nach, zweifelte, las die Bibel . . . und fand zu Christus — eine Begegnung, die Eberhards ganzes Leben auf den Kopf stellen sollte.

Sein neugefundener Glaube hat sofort Konsequenzen: Er geht zu sämtlichen Lehrern, entschuldigt sich für unaufrichtiges Verhalten und Abschreiben bei Klassenarbeiten

— und findet wenig Verständnis. Einer der ehrwürdigen Studienräte fühlt sich sogar auf den Arm genommen und schickt den bußwilligen Eberhard aus der Klasse. Das kann ihn aber nur wenig angefochten haben, denn schon wenig später steht er als 16jähriger auf den Veranstaltungsplakaten der Heilsarmee, zu deren glaubwürdiger Verbindung von Christsein und sozialer Arbeit sich Eberhard sofort hingezogen fühlt. Jeder kann sich das Entsetzen der wohlanständigen Eltern vorstellen, als sie nichtsahnend an den Litfaßsäulen der Stadt angeschlagen lesen:

„Achtung, Heilsarmee! Heute abend wird der Missionar Eberhard Arnold sprechen! Jedermann ist herzlich eingeladen!"

Natürlich schämt man sich des „ungeratenen" Sohnes, und zum ersten von noch vielen Malen sieht der Vater durch die Unternehmungen seines Sohnes sogar seinen Lehrstuhl an der Universität gefährdet. Aber auch in der Schule betätigt sich Eberhard als Missionar. Schließlich nutzen die Eltern eine sich bietende Chance und schicken den Sohn in das kleine schlesische Städtchen Jauer, damit er dort in Ruhe sein Abitur machen kann.

Wie ernst es Eberhard in dieser Zeit erster großer Begeisterung meint, wird in seinen in der dritten Person geschriebenen Jugenderinnerungen deutlich:

„Schlimme Tage gab es, wenn die Eltern ihre halbjährlichen großen Gesellschaften gaben. Eberhard griff seine Eltern deswegen an. ‚Vater, ich höre, daß das Essen und Trinken dieser Gesellschaft mehr als zweihundert Mark kostet. Die Eingeladenen sind fast alle reicher als wir, sie haben sämtlich zu Hause genug zu essen. Sie werden euch wieder einladen und euch ebenso kostbare Weine, Braten

und Eisspeisen vorsetzen. Aber ich weiß von armen, unschuldigen Familien im Osten der Stadt, die nicht genug Geld haben, um ihre Kinder ausreichend mit Milch zu versorgen. Und ihr wißt alle, daß Jesus gesagt hat: Wenn du ein Gastmahl machen willst, so lade nicht deine Bekannten und Freunde, die dich wieder einladen können, sondern gehe auf die Straße und lade die Allerärmsten ein, die dich niemals einladen können. Ihr geht in die Kirche und haltet Andachten. Aber ist dieses ungerechte Leben von Gott oder ist es vom Teufel?' Der Zornesausbruch des Vaters über den widerlichen Bengel, der sich derartige Frechheiten gegen seinen von höchsten Kirchenstellen mit Ehren überhäuften Vater herausnahm, war unbeschreiblich. Eberhard wurde einige Tage in sein Zimmer eingesperrt."

Die Bibel beim Wort nehmen, Konsequenzen ziehen, handeln — auch wenn das Nachteile bringt und kostspielig ist, davon sollte Eberhard Arnolds Leben auch später gekennzeichnet sein.

Nach dem schließlich erfolgreich bestandenen Abitur beginnt Eberhard Theologie zu studieren. Weiterhin sammeln sich junge Leute um ihn, weiterhin spricht er auf großen Veranstaltungen der Erweckungsbewegung, die zu jener Zeit ganze Städte mit ihrer Botschaft einer geistlichen Erneuerung des fade gewordenen, traditionellen Christseins auf den Kopf stellt.

In einer dieser Veranstaltungen trifft Eberhard Arnold 1907 auf Emmy von Hollander. Sehr schnell merken die beiden, daß dies eine entscheidende Begegnung für sie werden wird. Drei Wochen später verloben sich die beiden, zueinanderhingezogen von der gleichen Suche nach überzeugendem, wachem Christsein. Emmy Arnold schreibt:

„Besonders unsere beiderseitigen Eltern konnten unsere revolutionäre Haltung überhaupt nicht verstehen, weder was die sozialen Fragen, noch was die Kirchenfrage betraf. Es wurde uns nämlich klar, daß die sogenannte Weltkirche auf einem ganz falschen Fundament beruhte, da sie Kinder allein auf Grund ihrer Geburt in die christliche Kirche aufnahm, während doch nur der die Taufe empfangen konnte, der im Glauben selbst diesen Schritt tat."

Wieder handeln Eberhard und die gleichgesinnte Emmy konsequent. Sie beschließen, sich bewußt noch einmal als Erwachsene taufen zu lassen. Ein unerhörter Kampf mit den Eltern entsteht. Sie wollen ihre Kinder auf jeden Fall von diesem ungewöhnlichen Glaubensschritt abhalten. Noch schwieriger wird die Situation, als Eberhard die Teilnahme am ersten theologischen Examen verweigert wird, weil er deutlich sagt, daß er nicht in den Kirchendienst eintreten wird.

Wieder beginnt Eberhards Glaube kostspielig zu werden. Emmys Eltern warnen ihre Tochter vor einem derartig „unverantwortlichen" Mann, der offensichtlich keine „anständige Lebensgrundlage" zu schaffen imstande ist. So schnell wie möglich sattelt Eberhard um. Im November 1909 besteht er sein Doktorexamen — im Fach Philosophie! Noch am selben Morgen besuchen sie Emmys Vater, um von ihm die Papiere für das Standesamt zu erbitten. Anfänglicher Widerstand wird überwunden, und am 20. Dezember 1909 heiraten die beiden. Bis zum Beginn des Ersten Weltkrieges werden ihnen drei Kinder geschenkt: Emi-Margret, Hardy und Heini. Auch ihr Leben wird eng mit der Geschichte der Bruderhöfe verbunden sein.

Bei Anbruch des Ersten Weltkrieges wird Eberhard zu seiner Reserveeinheit gerufen. Deutschland ist von einer

Welle patriotischer Begeisterung überzogen. Es geht gegen den Erzfeind Frankreich, Gott strafe England! — und singend ziehen die Bürgersöhne in den Tod. Eberhard, noch nicht voll von einer schweren Lungentuberkulose genesen, wird nach 14 Tagen Kriegseinsatz entlassen. Aber diese Tage reichen ihm, um in tiefes Nachdenken zu kommen.

Bedeutete dieser Krieg nicht, daß Christen auf beiden Seiten aufeinander schießen mußten — trotz ihres Glaubens, daß die Gemeinschaft unter Christen stärker ist als alle Nationalitäten und daß sie über Ländergrenzen hinwegreicht?

Kam für Christen vielleicht nur der Sanitätsdienst in Frage? Noch blickt Eberhard Arnold nicht klar in diesen Fragen, aber der erste große Zweifel ist gesät.

1915 übernimmt er die literarische Führung des Furche-Verlages. Zu seinem Aufgabenbereich gehört auch die Herausgabe der kleinen Zeitschrift der Deutschen Christlichen Studenten Vereinigung (DCSV), „Die Furche". In der Zeit des Krieges sind die Veröffentlichungen des Verlages zur Stärkung der Front sehr deutschnational gefärbt. Man hat sich der gemeinsamen „gerechten" Sache unterzuordnen. Aber aus der gerechten Sache wird immer mehr ein verzweifelter Kampf ums pure Überleben. Der Krieg verzehrt mehr und mehr Mittel, die Zeitungsspalten über den „Heldentod" an der Front werden immer länger, in der Heimat beginnt man zu hungern, die Nahrungsmittel werden streng rationiert. Je schwieriger die Situation wird, umso mehr sinkt die Stimmung im Volk. Verbittert sieht man, wie die Reichen und Privilegierten auch in dieser Zeit genug von allem haben, während der einfache Mann hungert. An der Front ist es ähnlich: Die Offiziere hinter der Front schwelgen, der normale Soldat muß mit dem absoluten Minimum auskommen.

Eberhard hat durch seine Arbeit beim DCSV Zutritt zu vielen Militärlazaretten und kommt durch viele Gespräche mit den desillusionierten Soldaten immer mehr ins Zweifeln. Können Kriege ein legitimes Mittel der Politik sein? Und wie können Christen — oder überhaupt Menschen — zu diesem Unrecht ja sagen?

Mit dem endgültigen Zusammenbruch 1918 fällt Deutschland in eine nationale Depression. Aufgestaute Enttäuschung, Wut und Sinnlosigkeit brechen heraus. Die Werte von Volksgemeinschaft, Bürgertum und Vaterland haben sich als verlogen erwiesen, der Kaiser ist nach Holland ins Exil geflüchtet. Jedermann sieht mit Angst auf die Zukunft, das Selbstverständnis eines ganzen Volkes ist zerstört. Wie soll es nur weitergehen?

Enttäuschung, Wut und Ärger entladen sich in der Novemberrevolution von 1918. Berlin erlebt bürgerkriegsähnliche Szenen, Arbeiter- und Soldatenräte werden eingesetzt, eine neue Regierung soll gebildet werden. Eberhard und Emmy sind mit dabei, als im großen Saal des Cirkus Busch in Berlin der Sozialdemokrat Ebert zum neuen Reichspräsidenten ausgerufen wird. Erregte Diskussionen sind zu hören.

„Wo war der liebe Gott im Jahre 1914?“ schreit man.

„Wo waren die Christen? Warum habt ihr mitgemacht, warum haben die Pfarrer die Waffen gesegnet?“

Eberhard und Emmy sind tief beeindruckt von diesen Fragen. Müssen die Christen nicht tatsächlich eine andere Haltung einnehmen?

Besonders schwer wiegt der Zusammenbruch Deutschlands natürlich für die Jugend. Es ist ja ihre Zukunft, die nun total blockiert erscheint. Wie soll es weitergehen? Muß nicht alles anders werden? Welchen Werten kann man noch vertrauen? Worin liegt denn überhaupt der Sinn dieses Daseins?

Ein großes Fragen und Suchen nach einem neuen Weg bricht an. Gruppen bilden sich. Man trifft sich in den Häusern zu Gesprächskreisen, Versammlungen und Treffen werden gehalten. Eine ganze Generation ist im Aufbruch. Aber wohin soll es gehen?

Auch Eberhard und Emmy nehmen teil an dieser Diskussion. Immer wieder spricht Eberhard auf großen Treffen der freideutschen Jugend und des DCSV. Bei offenen Abenden treffen sich junge Leute, um nach neuen Wegen zu suchen. Jugendbewegte aller Art, Christen und Atheisten, DCSVler oder Baptisten treffen sich, so daß man schließlich zweimal in der Woche zu solchen Abenden einladen muß. Bis spät in die Nacht werden Tolstoi und Dostojewski gelesen. Es wird gerungen und diskutiert. Aber Antworten sind nicht so einfach zu finden.

Die Jugendbewegung, schon um die Jahrhundertwende mit Gruppen wie dem „Wandervogel" oder der „Freien Deutschen Jugend" entstanden, erlebt ihre große Blüte. Hier, in einer neuen Generation, soll der neue Weg gefunden werden. Man trifft sich zu Konferenzen und Wanderungen, sitzt am Lagerfeuer zusammen, singt und musiziert, kleidet sich bäuerlich und einfach. Eine neue Freude an der Natur entsteht, idealistisch-romantische Pläne werden geschmiedet, Ansätze einer klassenlosen neuen Kultur entstehen. Bewußt will man sich frei machen von bürgerlichen Konventionen und Bindungen, der Materialismus der vergangenen Epoche soll für immer verbannt sein.

Aber die große Alternative, der ganz neue Weg wird auch hier nicht gefunden. Anfällig für die vom Nationalsozialismus gepredigten Werte marschiert nur ein gutes Jahrzehnt später ein großer Teil der Jugendbewegung in den erneuten Mythos von Volk und Vaterland und geht in der Gleichschaltung der Hitlerjugend endgültig unter.

Auch in den Kreisen um Eberhard Arnold gibt man sich jugendbewegt und revolutionär. Von Anfang an ist hier aber auch ein tieferes Suchen nach wirklichem Sinn und wirklichem Halt da. Schon bald stößt Eberhard dabei auf die Bergpredigt.

1919 hält er auf der DCSV-Konferenz auf dem Frauenberg bei Marburg einen heiß debattierten Vortrag über die Bergrede Jesu. Einer der Teilnehmer erinnert sich:

„Die Bergrede Jesu wurde uns in ihrer ganzen Wucht und in ihrer Unbedingtheit und Absolutheit von unserem Eberhard Arnold mit tiefster Innerlichkeit und Inbrunst in die Herzen gebrannt und mit prophetischer Kraft und dem ungeheuren Schwung seiner ganzen Persönlichkeit in den Willen gehämmert. Hier gab es keinen faulen Kompromiß: Wer Reichsgenosse sein will, muß aufs Ganze gehen!"

Im August desselben Jahres spricht Arnold zum Thema: „Kann ein Christ Soldat sein?" Seine Antwort, ein klares „Nein!", löst erneut hitzige Diskussionen aus. In einem Bericht über diese Studentenkonferenz wird aus Arnolds Vortrag zitiert:

„Der Christ soll ein immerwährendes Korrektiv und Gewissen für den Staat sein, ein Sauerteig, ein fremder Körper. Er kann nicht Soldat, Scharfrichter oder Polizeipräsident sein. Es ist unsere Aufgabe, in Wort und Tat zu bezeugen, daß nichts in Jesu Worten verwirrt wird. Wir müssen

Gott mehr gehorchen als den Menschen! Wir müssen ein Korrektiv in dieser Welt sein!"

Arnolds Worte schlagen wie ein Blitz ein — und natürlich gibt es heftigsten Widerspruch.

Auch in Arnolds Arbeit beim Furche-Verlag und in der DCSV spiegelt sich diese Situation wider. Es gibt zwei Lager: Jene, die das Alte reformieren und mit neuen Inhalten füllen wollen, und andere, die wie Eberhard Arnold meinen, nur etwas völlig Neues, etwas revolutionär vom Geist der Bergpredigt Geprägtes könne der Situation gerecht werden. Dieser Zwiespalt kommt mehr und mehr auch in den Veröffentlichungen des Furche-Verlags zum Ausdruck. Auch die weiteren Konferenzen zeigen immer wieder die große Kontroverse um ein revolutionäres Verständnis der Bergpredigt, in der Arnold den „neuen Weg" vermutet.

Der Kreis um Eberhard Arnold wächst — angeregt durch die vielen Jugendtreffen — ständig weiter. Immer drängender wird die Frage, wie das neue Verständnis der Bergpredigt, wie ein neuer Weg seinen praktischen Ausdruck finden kann. Man denkt an die Einrichtung von Siedlungen, will Volkshochschulen gründen, und Emmy und Eberhard beschließen eine Zeitlang sogar, mit einem Zigeunerwagen durch Deutschland zu fahren, Kranken zu helfen, zu singen und zu musizieren und die Kinder dabei zu unterrichten. Man will solange an einem Ort bleiben, wie die Hilfe dort nötig ist, und dann weiterziehen. Die entscheidende Idee kommt dann in einem offenen Abendkreis beim Studium der Pfingstereignisse der Bibel über sie:

„Glaubens-Gemeinschaft, Liebes-Gemeinschaft, Güter-Gemeinschaft", das ist die Antwort für diese Zeit!

Das Leben der ersten Christen, wie es in der Apostelgeschichte bezeugt wird, soll das lebendige Vorbild sein. Zusammen leben und arbeiten und alle Dinge gemeinsam haben — das ist die Richtung, in die es nun gehen soll.

Schon bald sucht man nach konkreten Möglichkeiten für diese neue Form des Zusammenlebens. Die Städte mit ihrem großen Wohnungsmangel scheiden schnell aus der Suche aus. Eberhard reist viel, um einen geeigneten Platz irgendwo auf dem Lande zu finden. Die Gruppe um Eberhard Arnold ist nicht die einzige, die in dieser Zeit nach urgemeindlichen Möglichkeiten des Zusammenlebens sucht.

Während der Pfingst-Jugendtagung 1920 in Schlüchtern hat man Gelegenheit, eine dieser schon entstandenen Siedlungen, den Habertshof, zu besuchen. Das einfache Leben, die schlichte, vom Stil der Jugendbewegung geprägte Kleidung und die Anspruchslosigkeit der dort zusammenlebenden Gruppe hinterläßt einen tiefen Eindruck. So ähnlich stellen sich auch Eberhard und Emmy ihr Zusammenleben vor.

Nach dem Schluß der Konferenz machen sich die beiden zusammen mit einigen anderen auf den Weg zum nahegelegenen Dorf Sannerz, wo ein größeres Gebäude leerstehen soll. Das große Backsteinhaus mit seinen 15 Zimmern erweist sich als gut geeignet. Auch Stallungen, Ackerland und eine Obstwiese sind vorhanden. Der Besitzer des Hauses ist zwar verkaufswillig, will aber nicht so recht mit seinen Preisvorstellungen herausrücken. So fährt man zunächst ohne Ergebnis nach Berlin zurück.

Die Situation im Furche-Verlag wird unterdessen immer schwieriger. Eberhard und Emmy sind die fruchtlosen Richtungskämpfe leid. Die Situation schreit nach Aktion, nach vorwärtsweisenden Taten: Nicht mehr geredet soll werden, es muß etwas getan werden. Wie so oft in den folgenden Jahren entscheiden sich die Arnolds und ihre Freunde für den mutigen Sprung ins kalte Wasser: Ein Telegramm wird nach Sannerz gesandt, und schon am 21. Juni 1920 reisen Eberhard und Emmy ab. Eine Reise ins Ungewisse, denn mit den Kaufverhandlungen ist man noch keinen Schritt weiter.

So fängt die Geschichte des Sannerzer Bruderhofes — der schon im ersten Jahr seines Bestehens weit über dreitausend Gäste haben wird — in drei kümmerlichen Hinterzimmern des Gasthauses Lotzenius an. Auch der längste Weg beginnt mit dem ersten Schritt.

3 Kopftücher, Bärte und Hosenträger

Hermann und Danni reden Deutsch, da fühlt man sich gleich ein bißchen geborgener, und die Nerven können kürzer treten. Wir sitzen auf den geräumigen Rücksitzen des Dodge und strecken alle Viere von uns. Langsam beginnt mein schweißnasses Hemd zu trocknen. Gerade haben wir die letzten Häuser von New Paltz hinter uns gelassen und fahren nun auf einer Landstraße Richtung Norden nach Rifton. Wiesen wechseln mit kleinen Waldflächen, ab und zu guckt mal ein Stück nackter Fels aus den Hügeln ringsum, dann kommt wieder Wald.

Ganz schön viel Landschaft und recht einsam für eine „Stadt auf dem Berg, die nicht verborgen bleiben kann", denke ich. Aber der erste Bruderhof in Sannerz lag auch nicht gerade sehr publikumswirksam und hatte doch soviele Gäste.

Ein wildbewegtes Leben muß das damals in Sannerz gewesen sein. Mir fallen einige Geschichten ein, die ich aus Emmy Arnolds Buch noch behalten habe. Schon relativ bald, nachdem die kleine Gemeinschaft das große Backsteinhaus in Sannerz endlich pachten konnte und Inventar angeschafft hatte, kamen die ersten Besucher angereist.

„Jugendbewegte aller Lager, vereinigt euch!" — schien da manchmal die Devise gewesen zu sein. Dabei waren Unterbringung und Verpflegung gar nicht einfach. Viele wurden im Strohlager beim Bauern nebenan einquartiert, zu essen gab es Haferflocken- oder Gemüsesuppe, die je nach Andrang „verlängwässert“ wurde. Viele fanatische Vegetarier waren auch zufriedenzustellen, was besonders bei denen Probleme machte, die nur rohes Gemüse oder vollreife Früchte zu sich nehmen wollten.

Besonderen Spaß muß der kleinen Gemeinschaft ein häufig wiederkehrender Besucher namens Hans Fiehler gemacht haben. Er trug stets eine rote Zipfelmütze, kurze Hosen und eine rote Weste, auf die er mit großen Buchstaben „Hans im Glück“ geschrieben hatte. Vier Okarinas namens „Urgroßmutter, Großmutter, Mutter und Kind“ sowie zwei Geigen begleiteten ihn auf seinen Reisen und sorgten dafür, daß er überall eine große Zuhörerschaft fand. Für diesen „Hans im Glück“ muß der Sannerzer Bruderhof so etwas wie eine zweite Heimat gewesen sein.

Aber es kamen auch Opernsänger, Quartalssäufer oder Landstreicher. Ja, eines Tages stand sogar eine ganze Familie vor der Tür, in der sich jeder als eine andere Waldblume gekleidet hatte . . . Jugendbewegte Zeiten halt, die Hippies der zwanziger Jahre.

Hermann erzählt uns unterdessen, daß er vor einigen Wochen zusammen mit Hans Meier als Abgesandter des Bruderhofes auf der großen Friedensdemonstration in Philadelphia gewesen ist, wo gerade das 300jährige Jubiläum der deutschen Einwanderung gefeiert wurde. Die beiden 82 und 69 Jahre alten Bruderhöfer scheinen sich dabei mit ihrem Transparent unter den vielen jungen Leuten richtig wohl gefühlt zu haben.

„Warte mal, so'n General und so'ne Petra aus Deutschland waren auch dabei. Wir haben mit denen gesprochen, das war sehr interessant. Ja, und mit dem Eppler auch“, ergänzt Hermann noch. Mannomann, was für weltliche

Heilige werden uns da bloß gleich erwarten?

Die Straße windet sich gerade unter dem Highway der Interstate 87 hindurch. Links taucht ein Fluß mit einer alten holzgedeckten Brücke auf.

„Gleich sind wir da", sagt Danni — und da sehen wir auch schon an der Abzweigung rechts das ovale Holzschild stehen, das die Richtung zum Bruderhof weist. „Hutterian Society of Brothers" steht oben, „Woodcrest Bruderhof" und „Makers of Community Playthings" unten auf dem großen, an zwei stämmigen Pfosten befestigten Schild.

Jetzt ist es soweit, jetzt kommt's, denke ich. Aber es kommt erstmal noch gar nichts. Die sauber asphaltierte Privatstraße windet sich einen bewaldeten Hügel hinauf, dann taucht mitten auf der Straße ein Stopzeichen auf. Links stehen einige größere Werkstattgebäude und Lagerhallen, der „Shop", die Fabrik für jene „Community Playthings", mit denen die Schwestern und Brüder ihren Lebensunterhalt bestreiten.

Wir biegen rechts ab, es geht steil bergan. Danni „blowt" mit der Hupe („Wegen der Kinder, weißt du!"), und es geht noch einmal scharf nach rechts. Vorne taucht eine große, offene Garagenanlage auf, ein Haufen Autos steht herum, und jetzt sieht man auch den Bruderhof, das heißt, die vielen stattlichen Häuser des Dorfes, das den „Bruderhof" eigentlich darstellt.

Noch ehe ich mich innerlich so richtig zurechtrücken kann, haben wir das Sperrschild zum Wohnbereich passiert und sind mittendrin. Ganz langsam rollt der Kleinbus unter riesigen alten Ahornbäumen die leichte Steigung des Weges hoch. Rechts und links auf dem saftig grünen Rasen wimmelt es auf einmal von Leuten, alten, jungen, großen und kleinen. Bunte Hemden mit breiten gekreuzten Hosenträgern kommen herbeigeströmt, gepunktete Kopftücher winken und begleiten das Auto. Da vorn sitzen ein paar Kinder auf dem Rasen und spielen mit drei kleinen flauschigen weißen Hasen. Wieder winkt es und freut sich, und wir winken zurück und freuen uns. Rechts flattert ein ehrwürdiger, grauer Bart vorbei, links ein schwarzer Janker samt Strohhut, Hände strecken sich zum offenen Fenster herein, und wir sagen:

„Hallo!“ und „Thank you!“ und hören „Welcome!“, sehen die Tür aufgehen und eine ältere, freundlich lächelnde, grauhaarige Mutti einsteigen, die anscheinend gleich mit uns fahren will.

„Hallo, welcome! Ich bin Winifred, schön, daß ihr da seid!“ klingt es uns in einem ganz lustig englisch-gefärbten Deutsch entgegen. Winifred ist eine der „Hausmütter“ und arbeitet unter anderem im umfangreichen Archiv des Bruderhofs, erfahren wir später.

An der nächsten Kurve steigen wir dann aus und sind im Nu umringt:

„Welcome! I'm Ed; I'm Marilyn, Welcome! I'm Dick, I greet you!“

Es wimmelt von Jonathans, Dons, Christophers, Susannas, Dorlis, Kathys, Joannas, Peters — wie soll ich jemals diese ganzen Namen behalten! Und dazu noch die Tracht, die auf Anhieb erstmal alle ziemlich ähnlich aussehen läßt:

134 Krankenkassenbrillen, 117 Kopftücher, 197 Paar Turnschuhe, 122 zerbeulte Jeans, 78 farbige Kinderhäubchen — das ist kein Bruderhof, das ist ein Hühnerhof!

Jedenfalls sind wir erstmal die nächsten Minuten damit beschäftigt, Hände zu schütteln, englische Worte zu suchen, zu lächeln: So viele freuen sich darüber, daß wir hier sind, man weiß gar nicht, was man mit soviel Freude anfangen, geschweige denn, wie man darauf reagieren soll. Vielleicht sind sie deswegen so freundlich, weil wir aus „Good old Germany" kommen, denke ich. Oder man ist halt hier so in Amerika, freundlich, locker und ein bißchen oberflächlich. Aber eigentlich sieht das alles ganz echt aus.

Vielleicht meinen die das sogar richtig ernst und sind hier einfach so auf den Bruderhöfen?

Als wir wieder glücklich in unser Auto gekommen sind, habe ich die Hände von ungefähr drei Generationen Arnold gedrückt, zwei Generationen Moody, Swinger, Stängl — und wen ich sonst schon alles wieder vergessen habe.

Die letzten Meter hätten wir jetzt eigentlich auch zu Fuß gehen können. Naja, das Gepäck. Es geht noch ein bißchen über Berg und Tal und um ein paar Kurven herum, und dann stehen wir vor dem Haus, in dem wir die nächsten Wochen verbringen werden: ein ziemlich großer Kasten, mindestens drei Stockwerke hoch, schräg an einen Hang gebaut, an allen Ecken und Enden der verschiedenen Etagen Eingänge, große, grüne Bäume drumherum und viele bunte Blumen. Ich kann mir nicht helfen, aber es sieht aus wie ein Heim für pensionierte Hippies, wirklich originell!

Hinter dem Haus breitet sich die weite grüne Waldebene aus, in der Ferne sieht man die romantische Kulisse der Catskill-Mountains im Dunst auftauchen, vor dem Eingang stehen wieder eine Menge gepunktete Kopftücher und gekreuzte Hosenträger zur Begrüßung bereit. Diese Kinder, diese Farben, Sonne, Bäume, die Landschaftskulisse vor uns — wenn jetzt gleich noch irgendwo ein von

Kindern gerittener Löwe hinter dem Busch rauskommt und sich eine Schlange vom Baum ringelt, dann glaube ich wirklich, daß ich im Paradies gelandet bin. Oder doch eher — wir sind hier ja in Amerika — bei Walt Disney, „Schneewittchen und die sieben Zwerge" und die sieben Berge — ich war doch schon mal in dem Film!

Natürlich sind hier weder Zwerge noch Löwen (aber Schlangen, wie wir später noch feststellen werden . . .), sondern lauter freundliche Leute und ein einladend wirkendes Haus.

Also denn, gehen wir rein! Beim Aufmachen der Haustür sehe ich rechts am Pfosten ein Thermometer hängen. Es steht auf 102 Grad. Siehste, hab ich's mir doch gedacht, genauso heiß fühle ich mich auch! Allerdings sind das hier 102 Grad Fahrenheit, das heißt also etwa 36 Grad Celsius — aber bei einer derartigen Luftfeuchtigkeit wie hier könnte man sich beinahe auch das andere vorstellen . . .

Hinter der Haustür scheint sich so etwas wie die zentrale Garderobe dieser Etage zu befinden: Mindestens 23 Regenmäntel und 18 Paar Gummistiefel warten mit mir auf einen erfrischenden Regenguß!

Es scheint eines der neuesten Wohnhäuser des Hofes zu sein, in dem wir hier wohnen werden. Selbstgebaut natürlich, dafür gibt es einen eigenen Architekten und eine „building crew", die laufend irgendwo mit Erweiterungsbauten beschäftigt ist: Der Bruderhof wächst. Dieses Wohnhaus hier ist mit seinen freundlichen Farben und dem vielen Holz nicht nur sehr wohnlich, sondern offensichtlich speziell — und durchaus genial — für Bruderhofzwecke konstruiert: Um einen inneren Lichthof herum gruppieren sich im Viereck die Sanitärräume und kleine, offene Küchen, dann kommt ein rundlaufender Flur, der alle Wohnungen miteinander verbindet, und an der Außenseite liegen die Wohnräume und Schlafzimmer. Damit man sich gegenseitig nicht so stört, gibt es keine durchgehenden Etagen, sondern das Haus ist in zwei Halbetagen gegeneinander versetzt . . .

Verstanden? Nein? Na, das ist so: Wenn man vom Eingang aus links eine halbe Treppe hochgeht, kommt man zu den Domers mit ihren acht Kindern und wer da sonst noch so wohnt. Das ist also im ersten Stock Ebene A, die linke Seite des Hauses. Und wenn man noch eine halbe Treppe raufgeht, dann ist man bei Carroll und Doris King samt ihren 13 Kindern (und da kann man morgens vielleicht einen riesigen Frühstückstisch sehen!). Na, das ist dann jedenfalls erstes Stockwerk, Ebene B, in der rechten Hälfte des Hauses. Wenn man dann noch eine halbe Treppe raufgeht ist man da, wo wir jetzt offensichtlich wohnen sollen:

„Joyful Welcome, Uli & Christal" steht da auf einem großen Plakat an der Tür — und lauter Blumen sind drumherum gemalt, das haben die „3rd graders" gemacht, die Klasse der Achtjährigen hier in der Schule.

Und wenn man sich dann an dem schönen, großen Zimmer, den Blumen, den 23 Grußkarten, 4 Gläsern selbstgemachter Marmelade, frischgekochten Candys und dem herrlichen Blick aus dem Fenster gefreut hat, verlassen die Gastgeber verständnisvoll schnell und dezent den Raum, man kann die Tür zumachen, sich rückwärts vor das große Doppelbett stellen, die Augen schließen und — halt, erst noch einen der großen urtümlichen Ventilatoren anstellen, ah, tut das gut — und dann, dann kann man sich fallenlassen, tief durchatmen und erstmal gar nichts mehr tun.

„Also so hätte ich mir das wirklich nicht vorgestellt", sage ich nach einer Weile. Christel und ich sind noch ganz erschlagen und überrascht.

„Du, das war ja fast ein Staatsempfang oder sowas!" Aber nicht nur das freundliche Willkommen fasziniert mich. Es ist der ganze Hof, die Harmonie und festliche Atmosphäre, die man hier spürt. Da paßt alles ins Bild: Die Leute passen zum Hof, der Hof zu den Leuten, die bunten Blumen zur Freundlichkeit, die strahlende Sonne und der blaue Himmel zu den fröhlichen Gesichtern und die Häuser zur Landschaft.

Sicher ist es erste Euphorie, wenn mir spontan einfällt, daß ich mir so ähnlich den Himmel vorstellen könnte, zumindest ein kleiner Himmel scheint das hier zu sein. Das heißt, besser läßt sich die Atmosphäre vielleicht mit einem Feriencamp vergleichen, ein Ferienlager, in dem Jung und Alt zusammen Urlaub machen — nur daß dieser Urlaub jetzt schon 30 Jahre dauert.

Ich denke an meine Ängste zurück, die ich wegen des Holzachschen, strengen und eher grauen Huttererbildes hatte. Nein, so scheinen sie wirklich nicht zu sein. Und doch gehören die drei amerikanischen Bruderhöfe und der englische in Darvell seit 1974 wieder zu der „Hutterian Society of Brothers", jener uralten Glaubensgemeinschaft, die im 16. Jahrhundert von dem radikalen Tiroler Christen Jakob Huter gegründet wurde. Auf diesen fröhlichen Bruderhöfen leben also tatsächlich echte Hutterer. Und sie sind es nicht nur dem Namen nach: Diese Menschen leben in urchristlicher Gütergemeinschaft zusammen, sie leisten keinen Militärdienst, sind absolute Pazifisten. Am schnellsten fällt diese Zugehörigkeit zu den Hutterern natürlich durch die Tracht ins Auge, zumindest bei den Frauen sieht man es sofort: Sie tragen die bekannten schwarzen Kopftücher mit den weißen Punkten, die man in Amerika lustigerweise „Polka-Dots" nennt, und jene nach einheitlichem Schnitt gefertigten Baumwollkleider mit wadenlangem Rock, Oberteil und meist weißer Bluse. Das sieht nicht gerade nach dem letzten Stand der Mode aus, soll aber durch die vielen unterschiedlichen Stoffarben und -arten doch auch ein bißchen das Auge erfreuen. Hutterisch — aber auch ein bißchen jugendbewegt.

Die Kinder dürfen sich da schon etwas weiter vorwagen: Zwar tragen alle Mädchen vom Babyalter an eine Art Häubchen, aber das sieht meist sehr nett aus und wirkt durch die vielen kräftigen Rots, Grüns, Gelbs und Blaus fröhlich und kindgemäß. Selbstverständlich, daß die Hutterer weiblichen Geschlechts alle das Haareflechten meisterhaft beherrschen: Zur Tracht gehört nun einmal, daß die Haare nicht offen getragen werden, sondern — in der jungen Ausführung — als Zopf und — in der älteren — als Dutt, Knust, oder wie immer das genannt wird, was sich da unter dem Kopftuch verbirgt.

Die Bruderhofmänner haben es hier in jeder Beziehung einfacher. Zwar tragen auch sie nicht gerade den letzten Schrei aus Woolworths Ausverkauf, aber ihre kräftigen Jeans und die in bunten Farben gehaltenen Hemden sehen doch recht normal aus. Am ehesten fallen da wirklich noch die anscheinend obligatorischen Hosenträger auf, die wegen des reichlich bemessenen Schnittes der Beinkleider möglicherweise sogar wirklich notwendig sind. Auf jeden Fall bestehen in dieser ländlichen Gegend für Männer größere Chancen, nicht sofort als Woodcrester erkannt zu werden. Mit Sicherheit aber ist den Bruderhöfern das Thema „Tracht" nicht so wichtig wie den interessierten

Besuchern. Sicher, die Umstellung nach dem Neuanschluß an die Hutterer 1974 ist vielen nicht leicht gefallen. Aber mittlerweile hat man sich daran gewöhnt und freut sich an dem schönen Bild, das die Männer in ihren schwarzen hutterischen Sonntagsanzügen abgeben, wenn sie mit den leuchtend blauen Hemden in Reih und Glied so schmuck dasitzen. Und auch bei den gelegentlichen Aufenthalten „draußen", außerhalb der schützenden Grenzen des Bruderhofes, schämt man sich der Tracht nicht.

Anders und viel schwerer ist das sicher für die Teenager des Bruderhofs, denn sie kommen am intensivsten und anhaltendsten mit der „Welt" in Kontakt. Spätestens mit 14 nämlich, wenn sie drüben in Kingston, sechs Meilen weg, zur High-school gehen.

Wahrscheinlich wird ihnen dort zum ersten Mal so richtig klar, daß die Mehrzahl ihrer Mitmenschen weder von Tracht noch von Eintracht viel hält — obwohl die anderen High-schooler in gewisser Weise auch „Ein-Tracht" zeigen, je nachdem, was ihnen die derzeitige Mode gerade an „heißen Klamotten" zudiktiert, die „man" unbedingt haben muß. Mit Mode geht man unter in der Masse, mit Tracht fällt man auf: In der Kingston High-school werden die „Woodys", die Kinder vom Bruderhof, denn auch manchmal gehänselt und verspottet. Allerdings gibt sich das meist bald, wenn die Mitschüler merken, daß die „Woodys" weder beschränkt sind, noch so sehr anders als andere Teenager in ihrem Alter auch. In aller Regel stellen die Bruderhofkinder sogar die Leistungsspitze in ihren jeweiligen Kursen dar. 1983 etwa wurden von den 700 Schulabgängern bei der Graduationsfeier acht für besonders herausragende Leistungen geehrt und mit Stipendien bedacht. Sechs dieser acht Kinder kamen vom Bruderhof. Und das ist nicht nur 1983 so gewesen.

Ich schaue auf die Uhr. Langsam wird es Zeit, sich fertigzumachen. Mit Erleichterung habe ich festgestellt, daß sich auf Bruderhofbetten gut liegen und sicher auch gut schlafen läßt. Auch sie kommen übrigens aus eigener Produktion. Wir haben anscheinend das Standardmodell abgekriegt, ein bißchen hart vielleicht, aber gesund. Am Kopfende des Bettes entdecke ich im Bord eine Reihe Bücher: Eberhard Arnold natürlich, in allen Größen, Farben und Ausgaben, hergestellt in der eigenen Druckerei und Buchbinderei, vertrieben durch den eigenen Verlag der Bruderhöfe: „Plough Publishing". Interessante, manchmal schwer les- und verdaubare Lektüre. Arnold hat nicht gerade für den Otto-Normalverbraucher geschrieben — und für seine kraftvolle, originelle Sprache war er schon in den zwanziger Jahren bekannt.

Zum Abendessen sind wir eingeladen bei Rudi und Winifred. Gleich wird Danni Meier uns abholen und zum „Darvell"-Haus bringen. Wir kennen uns ja noch nicht aus im Dorf und wissen natürlich erst recht nicht, wer hier eigentlich wo wohnt. Allein in unserem Haus hier, „Sunny Side", leben über 60 Leute. Andere Häuser auf den Höfen sind in der Regel nach ehemaligen Bruderhöfen benannt: „Primavera", „Oaksey", „Alm" oder „Forest River" heißen sie zum Beispiel.

Rudi und Winifred sind für die Zeit unseres Aufenthaltes unsere „Gasteltern", an die wir uns mit allen Fragen und Problemen besonders wenden können. Als wir schließlich zweihundert Meter weiter im Darvell-Haus gelandet sind, werden wir gleich wieder hinausgebracht: Man ißt draußen, es ist doch so ein schöner Sommerabend, und jedes

Haus hat ja zwei oder drei Picknickplätze mit Tischen und Stühlen und oft sogar einem alten aufgeschnittenen Ölfaß zum Grillen vor der Haustür.

Es ist Mittwoch, Familienabend, da wird im kleinen Kreis gegessen. Höchstens ein paar Gäste sind eingeladen — der Nachbar vom Flur oder ein älterer, alleinstehender Bruder. Und wir sind nicht die einzigen, die an diesem Abend draußen essen: Rings um uns her an den verschiedenen Picknickplätzen, unter Bäumen, neben Rosenbeeten und auf den Hängen sitzen kleine Gruppen zusammen. Von der rechten Seite schallt ein Lied herüber, von links zieht würziger Rauch vom Grillfeuer vorbei. Der gut gedeckte Tisch weist eine durchaus europäische Auswahl an Speisen auf: Es gibt Nudelsalat, russische Eier, Brot, Tee. Ich bin erleichtert, der Bruderhof scheint von Eßkultur à la McDonalds noch nicht angesteckt zu sein. Dafür sorgen wohl allein schon die kräftigen deutschen Wurzeln der Gemeinschaft, die immer wieder deutlich spürbar sind.

Auch Hermann, unser treuer Schutz und Schirm in allen ungewissen Lebenslagen und Verhaltensfragen auf Bruderhöfen, sitzt mit an unserem Tisch. Gestartet wird das Abendessen — gemeinschaftsüblich — mit einem Lied, mit einem deutschen Lied selbstverständlich. Das liegt aber wohl nicht nur an der Tatsache, daß gerade deutsche Gäste am Abendbrottisch sitzen, sondern mehr daran, daß sowieso mindestens die Hälfte des riesigen Liedschatzes der Bruderhöfe aus Deutschland kommt. Das meiste davon ist allerdings mittlerweile ins Englische übersetzt, und oft singt man die deutsche Version und die englische hintereinander weg, weil's so schön ist — und das ist kein Spott: Dem wunderbaren vierstimmigen Singen der Bruderhöfe könnte man ein eigenes Kapitel samt

Tonbandbeilage widmen.

Na, jedenfalls beginnen auch wir zu singen: „As the farflung stars are circling . . . " Ich fühle mich ein bißchen beobachtet und singe besonders kräftig mit. Natürlich möchte man ein Zeichen geben, daß man sich positiv einbringen will. Kalle, ein überzeugter Gesangsmuffel, wird denn auch prompt von Hermann erwischt: Ein kritisch-fragender Seitenblick trifft ihn. Er reagiert prompt und schuldbewußt. Wie ein ertappter Schuljunge fängt er zaghaft und unsicher an, mitzusingen. Ich habe die ganze Sache zufällig mitgekriegt und muß mitten im Lied lachen, das heißt, ich kann es mir gerade noch verkneifen. Ich bin ja noch nicht sicher, worüber und wieviel man hier auf dem Bruderhof lachen darf. Kalle — oder „Kaarrl", wie ihn die Bruderhöfer nennen, nachdem sie erfahren haben, daß er eigentlich Karl-Hermann heißt — kannte das alte Abendlied wahrscheinlich gar nicht, das gerade angesagt war.

Rudi und Winifred stellen sich dann als sehr nette und patente Leute heraus. Rudi ist im Alter von sieben Jahren als Waisenkind auf den Bruderhof in der Rhön gekommen und bis heute dabeigeblieben. Heimatlose Kinder aufnehmen, pflegen und versorgen, das war in den dreißiger Jahren einer der Arbeitszweige des Bruderhofs, bis ihnen diese pädagogische Tätigkeit ab 1933 von den Nationalsozialisten verboten wurde. Rudi hat seine Winifred dann später auf dem englischen Cotswold-Bruderhof kennengelernt, auf den die Bruderhöfer nach 1937 emigrieren mußten.

Langsam gewöhne ich mich daran, bei jedem Gespräch auf dem Bruderhof sozusagen vom lebenden Inventar der Bruderhofgeschichte umgeben zu sein: Man kann mit den

Leuten reden — man kann aber auch ins Archiv gehen und gleich noch etwas über ihre Kindheit und Jugend lesen. Bruderhöfer sind meist schon „aktenkundig" geworden.

Eigentlich ist Rudi so etwas wie der oberste Baukoordinator der Bruderhöfe, aber heute erzählt er über die Gefängnisarbeit des Bruderhofes, bei der er in der Freizeit mitarbeitet. Einige Male in der Woche gehen Gruppen von Brüdern in die umliegenden Gefängnisse, singen mit den Insassen, lesen aus der Bibel vor und diskutieren — über Gewaltlosigkeit zum Beispiel. Und das gibt oft lebhafte Gespräche, bei denen die Bruderhöfer manchmal verblüfft erfahren, daß sie mehr über Eberhard Arnolds Theologie wissen als über die entsprechenden Stellen der Bibel, die den Hintergrund dazu abgeben.

Später kommt das Gespräch auch auf die schwierige Zeit der Bruderhöfe in Paraguay. Aber die Auskünfte sind merkwürdig allgemein und dünn. Hier scheint irgendwie ein wunder Punkt in der Geschichte zu sein, das Thema Paraguay ist für viele Bruderhöfer mindestens so unerschlossen, wie es das weite, heiße südamerikanische Land 1941 bei ihrer Ankunft war. Natürlich macht mich das gerade neugierig, und ich beschließe, an dieser Stelle noch einmal tiefer zu bohren.

Es dunkelt schon, als wir zu einem kurzen Abendspaziergang aufbrechen. Wir gehen in südlicher Richtung aus dem Hof heraus und sind schnell in den Feldern und dem umgebenden Wald. Immer noch treffen wir auf Leute, denen wir offensichtlich noch nicht die Hand geschüttelt haben. Schade, daß die Bruderhöfer meist alle diese häßlichen, schwarzen Einheits-Krankenkassenbrillen tragen, die in den fünfziger Jahren wahrscheinlich mal der letzte

Schrei gewesen sind — schön können sie damals schon nicht gewesen sein . . . Mich stört das besonders deswegen, weil einem hier viele interessante, ausdrucksvolle Gesichter begegnen, die leider durch diese dunklen Ungeheuer auf der Nase oft ganz unbotmäßig dominiert werden. Wenn man sieht, wie hier in Haus und Hof ganz im Stil der Jugendbewegung darauf geachtet wird, daß alles schön und harmonisch aussieht, daß also zum Beispiel Lampen, Bilder und Möbel zu einem Raum passen, dann frage ich mich, ob das nicht noch viel mehr für die Menschen gelten müßte — die nach der Bibel ja immerhin doch die Krönung der Schöpfung und „sehr gut" sind. Und das hat sicherlich nichts mit Augenlust oder Hoffart zu tun, sondern mit Schönheit und Harmonie, an denen ich nichts Sündiges entdecken kann.

Gerade kommen Leute vom Badesee zurück, den sich der Bruderhof fünf Minuten entfernt selbst aufgestaut hat: Kinder mit ihren Schwimmsachen in der Hand, mit nassen, strähnigen Haaren und glücklich leuchtenden Augen. Wieder gibt es eine Begrüßung, ein Pläuschchen: Sommerabendatmosphäre wie aus dem Volksliederbuch oder einer Zeichnung von Ludwig Richter entnommen. Glühwürmchen torkeln durch die laue Abendluft, in den Bäumen singen die Zikaden . . . Als wir schließlich endgültig im Bett liegen, merke ich, daß die romantischen Zikaden und sonstige Grashüpfer nicht singen, sondern „tierisch" laut kreischen oder wie man das sonst nennen kann. Hoffentlich schlafe ich dabei ein. —

Aber das geht schneller als gedacht. Halb im Unterbewußtsein merke ich gerade noch, wie ich anfange zu träumen. Ich sitze in einer Zeitmaschine und drehe den Zeithebel zurück. Deutschland in den zwanziger Jahren ist mein

Ziel. Langsam läuft die Zeit rückwärts an mir vorbei. Ich sehe gepunktete Kopftücher, lange Röcke, Kinder, Hasen und Blumen. Immer schneller werden die Bilder, der Bruderhof fliegt an meinen Augen vorbei, ich sehe lodernde Flammen und junge Männer mit Fackeln, Wanderlieder klingen auf, und junge Pärchen in einfacher Bauerntracht springen durch ein Lagerfeuer. Richtig, so hat das damals ausgesehen. Plötzlich tauchen die ernsten Augen Eberhard Arnolds aus dem Nebel auf, sein Gesicht, seine runde Akademikerbrille, verweht, taucht wieder unter.

Jetzt kommen junge Mädchen mit weißen Kleidern und Blumenkränzen, sausen vorbei, zum Reigentanz an den Händen gefaßt. Ich sehe das Fachwerk des alten Bruderhofes, den Versammlungsraum, den Hof, einen alten Ziehbrunnen . . . Da, und jetzt, ich höre es ganz deutlich. Ja, so muß es damals in Deutschland gewesen sein: Ein Nachtwächter singt, ich höre seine etwas heisere Stimme:

„Hört, ihr Herrn, und laßt euch sagen, unsere Glock hat elf geschlagen, elf das ist . . ."

Doch halt, stop, da stimmt irgend etwas nicht, erstaunt fahre ich aus dem Bett hoch. Der Nachtwächter singt ja Englisch! Und das ist überhaupt gar kein Traum, ich bin gar nicht im Deutschland der zwanziger Jahre, ich bin in Woodcrest, USA, 1984, und dieser Nachtwächter ist echt!

„Du, Christel, hör doch mal, hör mal! Da ist ein Nachtwächter, und der singt das deutsche Nachtwächterlied, nur in Englisch!"

Wir sprinten aus dem Bett und sehen aus dem Fenster: Richtig, da steht ein junger Bursche mit Taschenlampe und einem großen Schäferhund — ein richtiger, echter, lebendiger Nachtwächter!

„Mann, das glaubt uns keiner, wenn wir das zu Hause

erzählen“, flüstere ich Christel zu. — Und wenn mich in dieser Nacht anschließend jemand in meinem zum ersten Mal nachtwächter-behüteten Schlaf hätte sehen können, wäre ihm vielleicht der selige Kinderglanz auf meinem Gesicht aufgefallen . . .

4 „Moondance“ für 20 Cents

Frühstück in der Meier-Familie: Pünktlich um 7.15 Uhr hat sich der Wohnzimmertisch mit 15 Personen gefüllt — eine Oma, zwei Eltern, neun Kinder Meier und drei Gäste. Es gibt Kaffee, Eier und Toast und dazu neben einigen selbstgekochten Marmeladen auch weißen Kleeblütenhonig von einem alt-hutterischen Bruderhof aus Manitoba, der sich auf Bienenzucht spezialisiert hat, über tausend Bienenkörbe sein eigen nennt und extra Klee anbaut. Zwischen den Höfen gibt es auf diese Weise eine Art Materialwirtschaft: Der eine liefert Honig, der andere gibt dafür Stühle.

Die Stube, in der wir hier sitzen, könnte sich genauso gut in einem anderen hutterischen Haus oder auf einem anderen Hof befinden: Zur Grundausstattung gehört auf jeden Fall eine gepolsterte Sitzbank, ein meist recht großer, oft ausklappbarer Tisch, Stühle, ein Schaukelstuhl. Jede Stube enthält auch ein Büffet für Geschirr aller Art, das zusammen mit einem zweiflammigen Gaskocher obendrauf so etwas wie die stationäre Frühstücks-Kaffee-Küche jeder Wohneinheit bildet. Natürlich fehlt auch ein Bücherbord mit mindestens fünf Werken Eberhard Arnolds und diversen Liederbüchern nicht. Auch diese Wohnküchen-Tagesraum-Stuben sind in freundlichen, kräftigen Farben gehalten, an den Wänden hängen selbstgemalte Bilder von irgendwelchen künstlerisch veranlagten „Geschwistriget“ des Bruderhofs. Auch die Bilder sind sehr farbenfroh, jugendbewegter Realismus etwa. Diese Familienmittelpunkte unterscheiden sich meist nur durch die kleineren Zutaten: Die eine Familie hat eine schöne alte Uhr in der Ecke stehen, bei der anderen blubbert ein Aquarium auf der Kommode, wieder andere besitzen einen alten, gepolsterten Lehnstuhl. Insgesamt aber strahlen die Räume Zweckmäßigkeit und Einfachheit aus, nichts ist überladen oder pompös, auf keinen Fall soll der Neid anderer geweckt werden.

Daß Danni auf dem Bruderhof in Paraguay großgeworden ist, sieht man auch daran, daß er bis heute am liebsten Mate trinkt, das südamerikanische Nationalgetränk, eine Art grüner Tee. Danni hat einige Jahre lang getrennt von der Gemeinschaft verbracht. Er hat harte Dinge erlebt — und unter anderem ein Jahr lang als Holzflößer auf den Urwaldströmen Paraguays gearbeitet. Heute ist er froh, wieder zur Gemeinschaft zurückgefunden zu haben. Aber auch auf dem Bruderhof dort in Südamerika muß das Leben nicht einfach gewesen sein: „Viele Kinder sind gestorben. Wir haben gehungert, es gab immer wieder Heuschreckenplagen, und die Raupen mußten wir vom Gemüse runterholen. Mit Scheren haben wir sie zerschnitten. Und kalt war es da nachts, manchmal unter 0 Grad.“

Zehn vor acht brechen die kleineren Kinder in Begleitung einer älteren Schwester auf: Sie gehen zum Kindergarten oder zur Pre-school, wo sie — abgesehen von der Mittagspause — den ganzen Tag in ihrer Altersgruppe verbringen. Aber auch der Rest der Tischgemeinschaft geht bald auseinander. Danni hat um acht Uhr Arbeitsbeginn im Metal-shop, Rose Marie, seine Frau, wird bis um neun Uhr die Wohnung aufräumen und dann wie alle anderen Frauen zu ihrer jeweils wechselnden Arbeitsstelle gehen.

Und wir werden von Hermann abgeholt, große Bruderhof-Führung ist angesagt.

Kaum losgegangen, treffen wir Manuel, einen der beiden Nachtwächter, wie sich schnell herausstellt. Er hat die Frühschicht von zwei bis sechs Uhr und scheint reichlich müde zu sein.

„Singt ihr tatsächlich zu jeder vollen Stunde das Nachtwächterlied?" frage ich ihn und erzähle, daß wir seinen Kollegen heute nacht gehört und das ganz toll gefunden hätten.

„Ja, wir machen das tatsächlich zu jeder vollen Stunde zwischen 10 Uhr abends und 4 Uhr morgens. Wir haben so viele ältere und kranke Geschwister, die manchmal nachts nicht schlafen können. Für die ist das sehr tröstlich und beruhigend, wenn sie hören, daß immer jemand wach ist." Ich kapiere: Das ist keine altdeutsch-unmoderne Sitte, sondern auch eine sehr bewußte, aktuelle und sinnvolle psychische Hilfe.

Gerade passieren wir ein kleines weißes Holzhäuschen mit einem pyramidenförmigen Schieferdach samt Türmchen obendrauf. Es scheint eines der alten Häuser zu sein, das noch vom Vorbesitzer errichtet worden ist: ein Textilfabrikant, dessen Fabrik unten im Tal mittlerweile von einem Stausee bedeckt ist. Er hat dieses Grundstück mit seinem pompösen Wohnhaus und einigen Nebengebäuden in den fünfziger Jahren an den Bruderhof verkauft.

„Dieses Gebäude war mal das Eishaus", erzählt Hermann. „Das hatte unheimlich dicke, isolierte Wände und wurde im Winter mit Eisblöcken gefüllt, die die Diener des Fabrikanten unten aus dem Fluß sägen und hier raufschleppen mußten. Im Eishaus hielt es sich dann bis in den Herbst hinein gefroren. Heute wohnen unsere jungen, unverheirateten Männer hier."

Das ist ja sinnig, denke ich. Das „Eishaus" für die Junggesellen, ein herrlicher Doppelsinn. Im Eishaus kommt man bestimmt nicht auf die falschen Gedanken. Den Witz bei diesem Namen scheinen die Bruderhöfer aber gar nicht so zu merken. Dafür kennen sie einen anderen: Wegen der jungen Männer heißt das „Ice-house" bei ihnen auch „nice-house", und das ist ja auch ganz nett.

Unser erstes Ziel an diesem Morgen sind zwei der größeren neuen Häuser fast in der Dorfmitte. Sie fallen besonders durch ihre großen, mindestens fünf Meter vorspringenden überdachten Veranden auf, die als Parkplätze für Fahrzeuge aller Art genutzt werden: Kurz nach Betriebsbeginn wie jetzt stehen hier noch Dutzende von Rollern, Dreirädern und Ziehwagen sauber in Reih und Glied. Später werden sich diese Veranden mit den verschiedensten Gruppen spielender Kinder füllen. Sogar bei Regen können sie hier an der frischen Luft sein. Rechts von der Bruderhof-Hauptstraße liegt das kleinere Babyhaus, links das große Kinderhaus, umgeben von einem mächtigen Rasenplatz mit Klettergerüsten und Spielzeug aller Art — aus eigener Produktion natürlich, die Bruderhöfe sitzen ja an der Quelle. Sie leben von der Produktion von Kindergarteneinrichtungen und Kinderspielzeug. Insofern ist dieser Rasen vielleicht gar nicht eine Abteilung des Kinderhauses, sondern nur das „Testfeld 1" der Entwicklungsabteilung von „Community Playthings". Wie auch immer, die Kinder genießen es jedenfalls.

Wenn man die aufwendigen und gut ausgestatteten Häuser speziell für die Bruderhofkinder sieht, wird einem schnell klar, welche Bedeutung man auf den Höfen der Erziehung und Betreuung der kleinsten Einwohner beimißt. Für kleinfamilien-gewohnte Augen sind diese Häuser dennoch zuerst einmal ein leichter Schock. Im Babyhaus, wo die unter Einjährigen zusammengefaßt sind, stehen in jedem Zimmer etwa fünf kleine Gitterbettchen mit schlafenden Babys, die sich hier — nach Alter geordnet — schon mal an Gemeinschaft gewöhnen können. Über jedem Bettchen hängt zwar ein nettes, handgemaltes Plakat mit dem jeweiligen Namen des Babys, und die Betreuung durch zwei meist jüngere Schwestern des Bruderhofes ist sehr intensiv und individuell, aber trotzdem werde ich die Assoziation an eine Art kleines „Lagerhaus“ für neugeborene Kinder nicht los, straffe, durchorganisierte Gruppenabfertigung. Andererseits scheinen die mit der Betreuung betrauten Frauen ihre Arbeit sehr ernst zu nehmen und gehen liebevoll und sorgsam mit den Kleinen um. Man nutzt hier ein natürliches Interessengefälle: Die ledigen und natürlich kinderlosen Bruderhoffrauen sind gern einmal mit Kindern zusammen, die Eltern dagegen sind sie gern einmal los und so können sich beide der Arbeit für die Gemeinschaft widmen. Gleich mehrere typische Gemeinschaftsprobleme lösen sich so auf harmonische und für alle Beteiligten nützliche Weise . . .

Vertrauter und angenehmer für mich ist dann das Bild im Kinderhaus, in das wir anschließend gehen. Auch hier die bruderhof-typische, farbenfrohe Einrichtung, auch hier die in Altersgruppen geordneten Kinderscharen. Da sind sieben „Onies“ in einer Gruppe, fünf „Twosies“, acht „Threesies“ und so weiter. Die einen sind gerade unterwegs zum Schwimmen im Planschbecken, die anderen mit ihrem Ziehwagen zur Besichtigungstour durch den Hof, die dritte Gruppe ist mit dem Ponywagen im Wald, die vierte sitzt gerade vor uns und hält ihr zweites Frühstück. Überall stehen spezielle, rundbogenförmige Tische, eine Entwicklung von Community Playthings, an deren Außenrand bis zu acht Kinder Platz finden und in deren Innenbogen die jeweilige Betreuerin sitzt und alle Kinder gleich gut sehen und erreichen kann.

Verantwortlich für die Erziehung der Kinder sind letztlich die Eltern — auch auf den Bruderhöfen ist das so. Weil aber Vater und Mutter immer möglichst weitgehend berufs- gemeinschaftstätig sein sollen, werden alle Kinder zwischen 8 und 13 Uhr und zwischen 15 und 18 Uhr in ihren jeweiligen Altersgruppen betreut. Sie essen dort zum Teil auch zu Mittag und zu Abend. Die Beziehung zur Gruppenleiterin oder zum Lehrer wird dadurch natürlich enorm stark. Daß dies dennoch nicht zu Schwierigkeiten führt, liegt zum einen daran, daß alle Betreuer der Kinder Gemeinschaftsmitglieder sind und von daher das volle Vertrauen der Eltern genießen und daß zum anderen zur intensiven Betreuung der Kinder auch der intensive Kontakt zu den Eltern gehört. Im übrigen arbeiten die Eltern ja nicht weit weg: Stillende Mütter kommen schnell vom Arbeitsplatz herüber, und auch bei anderen Problemen sind die Eltern schnell zur Stelle.

Trotzdem ist die Elternbindung der Bruderhofkinder auf jeden Fall geringer als in der deutschen Kleinfamilie. Etwas, an das sich besonders besuchende Familien, die ja voll mit in dieses Leben einbezogen werden, manchmal schmerzlich gewöhnen müssen. Man muß sich klarmachen, daß das Leben des Bruderhofes als Gemeinschaft nur durch diese Art der intensiven Kinderbetreuung möglich wird: Junge Mütter wären sonst durch die Belastung mit kleinen Kindern ständig von vielen Gemeinschaftserfahrungen ausgeschlossen. Ein Blick auf deutsche Zusammenlebensversuche kann dies schnell beweisen. Fast immer sind es die jungen Mütter, die durch die Beanspruchung ihrer Kinder auf lange Gruppendiskussionen und gemeinsame Unternehmungen frei- oder widerwillig verzichten und am Gruppenprozeß deswegen nicht teilnehmen können. Das ist hier anders: Gemeinschaft auf dem Bruderhof gilt für alle. Frauen sind nicht benachteiligt, sie sind nicht diejenigen, durch deren Verzicht Gemeinschaft erst möglich wird. Das Erziehungsmodell der Bruderhöfe trägt viel zur praktischen Gleichberechtigung von Mann und Frau bei, eine Tatsache, die sich für die Gemeinschaft an vielen Stellen sehr positiv bemerkbar macht.

Natürlich bekommen Bruderhofkinder durch die Art ihrer Erziehung von Anfang an auch ein ganz anderes Verhältnis zu Gruppe und Gemeinschaft. Einzelkinderprobleme gibt es hier nicht. Die Beziehung zur eigenen Altersgruppe ist enorm stark, möglicherweise ebenso stark wie die zu den Eltern: Fritzchen Müller lebt von der sechsten Woche seines Lebens an jedem Tag acht Stunden und mehr mit den gleichen Jungen und Mädchen seines Jahrgangs zusammen. Bis zum Collegealter ist das so, also etwa bis zum 17. Lebensjahr. Viele Probleme des in der Kleinfamilie aufgewachsenen Kindes hat das Bruderhofkind also gar nicht erst. Es kann leichter mal mit anderen Kindern alleine spielen, teilen fällt nicht ganz so schwer wie bei den egoistischeren und individualistisch geprägteren Kindern draußen, und auch Kontakt zu Gleichaltrigen finden sie leichter.

An dieser Stelle habe ich mich natürlich auch sofort gefragt, ob hier nicht eine große Gefahr liegt:

Führt die Bruderhoferziehung zu lauter kleinen uniformen, langweiligen und unoriginellen 08/15-Bruderhofmenschlein, zu einer grauen, gleichförmigen Masse? Ich bin zu wenig Pädagoge, um die theoretischen Aspekte dieser Frage angemessen beurteilen zu können. Der Augenschein aber lehrt das genaue Gegenteil: Ich habe selten so viele offene, individuelle und originelle Kinder gesehen wie hier. Bruderhofkinder sind lebenslustige, wißbegierige, vorbehaltlos und ungewöhnlich natürliche Kinder. Und sie sind ganz Kinder: Da hat sich noch nichts falsches, affektiertes Erwachsenes eingeschlichen, sie sind anziehend kindlich, sie sind so, wie Kinder sein sollten — und zum Beispiel in der deutschen Kleinfamilie meist nicht mehr sind. Dies ist keine Übertreibung. Die Kinder des Bruderhofes sind möglicherweise die stärkste und überzeugendste Werbung für den Bruderhof an sich, vielleicht auch der größte Reichtum der Gemeinschaft.

Das Ergebnis der Bruderhoferziehung auf der einen und die relativ straffe, geordnete, strenge äußere Form der Erziehung auf der anderen Seite bleibt dabei ein verblüffender Gegensatz. Auf mich Erwachsenen wirkt das Enge, Geregelte, Geordnete eher abstoßend, die Natürlichkeit und offene Reinheit der Kinder selbst aber sehr anziehend. Mag sein, daß dieser scheinbare Gegensatz durch die Erziehungsziele des Bruderhofes erklärt wird. Eberhard Arnold hat sie in einem Buch über „Gemeinsames Leben und Kindererziehung“ so festgelegt:

„Ehrfurcht, kindliches Beten, Straffheit und Zucht, Wagemut, Liebe und Wahrhaftigkeit, Freiheit von Eigentum, Reinheit, Unberührtheit, soziales Mitempfinden.“ Diese Erziehungsziele sollen auf eine ganzheitliche und naturverbundene, nicht einseitig verkopfte Art und Weise erreicht werden.

Schlüssel für diesen hohen Anspruch ist die Tatsache,

daß eben nur bewährte, mit den Zielen des Bruderhofes vollkommen übereinstimmende Lehrer und Erzieher mit den Kindern zusammen sind. Der entscheidende Katalysator ist dabei mit Sicherheit ein geistlicher Aspekt: Bruderhofpädagogen sind nicht „überzeugte", „interessierte" oder bestenfalls „engagierte" Erzieher, sondern geistliche Väter und Mütter — das heißt, sie haben die ihnen anvertrauten Kinder wirklich lieb. Liebe — das ist das Zaubermedium, das aus der arg geordnet und streng klingenden pädagogischen Theorie des Bruderhofs Kinder macht, die offensichtlich wirklich glücklich und ganz selbstvergessen kindlich-reine Kinder im biblischen Sinne sind. Wer diese ganz reale Größe der Liebesbeziehung der Erzieher zu den Kindern aus der Wertung der Bruderhofpädagogik herausläßt, kann ihr nicht gerecht werden.

Natürlich sind die Bruderhöfer genauso schwache und fehlbare Menschen wie andere auch. Deswegen gibt es auch hier Versagen, Problemfälle und Schwierigkeiten. Aber die Fehler einer ideologisierten, weltlich-gesellschaftsbezogenen Berufspädagogik werden hier nicht gemacht.

Nach dem Kinderhaus sehen wir uns die Pre-school an, die ganz unten im Schulgebäude eingerichtet ist, dem größten Haus des Bruderhofs. Die Kinder hier sind — wie auch die Schüler der achtklassigen Schule in Woodcrest — gerade alle ausgeflogen. Es sind noch Ferien, da ist man unterwegs zu Projekten, fährt Kanu auf dem Stausee unten am Fluß oder pflückt Walderdbeeren zum Marmeladekochen. Am Sonntag geht die Schule wieder los mit einer Einschulungsfeier für die frischen ABC-Schützen.

Unten im Schulgebäude ist auch die Buchbinderei eingerichtet, die von einem 82jährigen gelernten Buchbinder aus Breslau geleitet wird, einem richtigen alten Handwerker.

Weiter gehts zur „Laundry", zur Wäscherei, einem Arbeitsbereich, der ganz in Frauenhand ist. Stolz zeigt uns Kathy ihr „Big Baby", ein Ungetüm von Waschmaschine, zwei mal zwei Meter groß und auf riesigen stoßdämpfenden Metallfedern gelagert, eine echte Gemeinschaftswaschmaschine.

Jede Familie hier hat einen bestimmten Waschtag pro Woche und liefert die unterschiedlichen Wäschearten in fest geschlossenen Netzbeuteln ab, in denen dann auch gleich gewaschen wird, damit nichts durcheinander kommt. Staunend erfahren wir, daß die Bruderhöfe Waschmittel, Weichspüler, Haarshampoo und Seife selber machen, sie haben einen „Chemist" in der Gemeinschaft, der ihnen das aus entsprechenden Zutaten zusammenmixt.

„Das ist viel billiger so", sagt Kathy. „Die Leute in den Städten werden doch ausgenommen bei so Sachen wie Shampoo oder Kosmetika, die sind doch ganz einfach zu machen."

Gerade wird übrigens Wäsche für Uganda gewaschen. Die Gemeinschaft hat einen Container gechartert, der im Lauf der Woche mit den verschiedensten Hilfsgütern gefüllt wird. Die Kinder in der Schule basteln Federtaschen für ihre ugandischen Kameraden, und die Frauen in den hauseigenen Nähstuben lassen die zwanzig Maschinen diesmal nicht für den Eigenbedarf an Trachtenmode laufen, sondern nähen Kleider für Afrika.

Der Versuch, möglichst autark zu leben, bezieht sich nicht nur auf Weichspüler . . . Der Bruderhof hat sein eigenes Wasserwerk mit Vorratsbassin und mehreren Tiefbrunnen. Die meisten Bauten samt elektrischer Installation hat man selber angelegt. Es gibt eine Tankstelle, eigene Felder zur Versorgung mit jenen Sorten Gemüse, deren Anbau sich wirklich bezahlt macht (Kartoffeln etwa kauft man billiger ein).

Autarkie drückt sich aber auch in den Berufen aus: Der Bruderhof hat seinen eigenen Optiker, mehrere Ärzte, Krankenschwestern, natürlich eigene Lehrer und sogar einen Landvermesser, der gerade mit seiner Ausbildung fertig geworden ist. Der Bruderhof in Deer Spring hat sich vor einiger Zeit einen ganzen Hügel mit Wald gekauft. Wenn das Öl wieder teurer wird, kann man dann mit selbstgeschlagenem Holz heizen. Da gibt es natürlich einiges zu vermessen — und auch die ständigen Um-, Aus- und Neubauten erfordern einen Fachmann.

Später besuchen wir dann die Giftküche des Bruderhofchemists, der sich in die Geheimnisse der Seifen- und Reinigungsmittelproduktion eingearbeitet hat. In seinen Räumen über der Fabrik sieht es hochtechnisch aus: Säcke voller Chemikalien und Tonnen mit fertigen Produkten lagern dort, auf den Arbeitstischen stehen und liegen Glaskolben mit farbigen Elexieren, Reagenzgläser und Gummihandschuhe herum. Eine umgebaute Maurermischmaschine dient als Chemikalienmischer, und eine selbstkonstruierte Abfüllanlage für Shampoo ergänzt die Einrichtung.

„Ja, das meiste ist hier wirklich viel billiger zu produzieren. 96 % von dem Zeug sind doch sowieso Wasser. Und das Shampoo, das wir hier produzieren, kostet uns 20 Cents, während du für dieselbe Menge in der Stadt drüben garantiert fünf Dollar ausgibst“, erzählt uns der ambitionierte Chemiker. In Anlehnung an die kommerziellen

Marken heißt das Bodenpflegemittel hier „Moondance" (statt „Sundance" wie drüben im Supermarkt). „Amber" gibt es da noch, ein Spülmittel, „Terjet" für die Spülmaschine, „Enzate" für Kathys „Big Baby" und „Solvit", ein Handreiniger — bei über 1 000 Bruderhöfern in den USA kann man da schon einiges sparen.

Aber das ist noch lange nicht alles, was an Selbstversorgungsversuchen unternommen wird. Ein paar begabte Techniker unten aus dem Work-Shop haben sich vor einiger Zeit sogar mit einer eigenen Stromversorgung befaßt. Die vielen Holzspäne, die bei der Produktion von „Community Playthings" anfallen, sollten zu Strom gemacht werden. Also baute man eine Versuchsanlage zur Vergasung von Holzspänen, deren leicht angerosteten Reste unten am Shop noch zu besichtigen sind. Immerhin gelang es, einen alten 40 PS-VW-Motor mit dem Holzgas zu betreiben, der, mit einem Generator gekoppelt, tatsächlich Strom lieferte. Das ganze Projekt erwies sich dann aber als zu arbeitsintensiv und reparaturanfällig, also ließ man es sterben.

Auch der Wind sollte zur Energienutzung herhalten. Die Schule bekam den Auftrag, Voruntersuchungen über die ausnutzbaren Windmengen anzustellen. Lehrer und Schüler setzten sich mit den hauseigenen Metallspezialisten zusammen und bauten mit Feuereifer einen 20 Meter hohen Aluminiummast, der gemeinsam mit einem Meßgerät auf der höchsten Erhebung des Bruderhofs aufgestellt wurde. So aufregend und interessant das Projekt für die Schüler war — zum Aufstellen eines Windrades ist es dennoch nicht gekommen. Die Messungen ergaben eine durchschnittliche Jahreswindgeschwindigkeit von neun Meilen pro Stunde, viel zu wenig, um Strom erzeugen zu können.

Ein anderes Schulprojekt aber funktioniert in jedem Frühjahr neu: Mitten zwischen den hohen Stämmen der Ahornbäume, zwischen Shop und Dorf, steht die „Maple-sap-Fabrik“, ein großer offener Holzschuppen, mit einem überdimensionalen Schornsteinrohr und einer vier Meter langen quadratischen Pfanne, unter der im Februar und März tagelang ein Höllenfeuer brennt.

Die Schulkinder sammeln nämlich den Saft der Zucker-Ahorn-Bäume, die um diese Zeit gerade aus ihrem Winterschlaf erwachen. Ein Hauptspaß für alle Beteiligten und ein großes Fest für den ganzen Hof, eine typisch amerikanische Tradition.

Die Bäume werden angebohrt und mit einem Röhrchen versehen, unter das ein Sammeleimer gehängt wird. Und dann läuft es und läuft es, und die Kinder sammeln den Ahornsaft in großen Tanks, aus denen dann die Pfanne gespeist wird, die den Saft zu Maple-Sirup eindickt — ein hochbegehrter Stoff, der in Amerika zu allem gegessen wird und fast so wichtig wie Ketchup ist. Dieser home-made Maple-Sirup wird dann sogar im Ausstellungsraum von Community Playthings oder an einem Stand an der Hauptstraße verkauft. Der Ertrag geht als Spende der Kinder an irgendwelche Hilfsorganisationen. Auch das ist ganzheitliche Erziehung.

Daß der Bruderhof doch kein folkloristisches Museumsstück aus den zwanziger Jahren ist, wird endgültig klar, wenn man das CP-Büro betritt, die Hauptverwaltung der Bruderhoffirmen „Community Playthings“ und „Rifton Equipment for the Handicapped“. Neben vielen jungen Mädchen der Gemeinschaft arbeitet hier auch der Kollege Willy, der einzige im Büro, der nicht in Tracht erschienen ist. Willy heißt mit Nachnamen „Wang“, und ist der Computer des Bruderhofs. Er übernimmt die gesamte Buchführung, Lagerhaltung, Auftragsbearbeitung und was sonst im Bruderhof an computergerechten Arbeiten anfällt. Anders ist die Verwaltungsarbeit der Bruderhoffirmen mittlerweile kaum noch zu schaffen. Das Geschäft floriert, obwohl die Kindergartentische, Bauklötze, Dreiräder, Rollstühle, Klettergerüste und was sonst noch so in den beiden farbigen Katalogen angeboten wird, nicht billig sind.

Dafür liefert man allerdings auch Wertarbeit, tauscht jeden fehlerhaften Artikel innerhalb eines Jahres anstandslos um und repariert auch darüber hinaus, wo es nötig ist. Über 100 000 Farbkataloge werden jedes Jahr an Kunden versandt. Der gute Ruf der Bruderhoffirmen ist deswegen mittlerweile auch in alle Welt gedrungen: Es gibt kaum ein Land, aus dem keine Aufträge eintreffen, sogar nach Saudi-Arabien wird geliefert. Momentan kommen sogar mehr Aufträge herein als ausgeführt werden können. Aber die Höfe haben sich in einer Bruderschaftsversammlung dagegen ausgesprochen, Überstunden zu machen: Die Arbeit soll ihr Leben nicht dominieren. Auch bruderhoffremde Arbeiter will man nicht einstellen. Die Arbeit hat dienenden Charakter, es geht nicht darum, möglichst viel Gewinn herauszuholen.

Etwas rigoroser sind die Bruderhöfer da schon in ihrer Kundenpolitik: Einer der größten Auftraggeber ist die US-Army, und trotz der vollkommen pazifistischen Einstellung der Bruderhöfe wird auch geliefert. Wahrscheinlich freut man sich über jeden Dollar, den man der Army auf diese Weise aus der Tasche ziehen kann. Wer sein Geld für Kindergartenmöbel ausgibt, kann nicht mehr so viele Raketen bauen, denken sich die schlitzohrigen Bruderhöfer. Vielleicht eine ganz neue Variante der Friedensbewegung?

Gerade tönt die große Versammlungsglocke zu uns herüber. Es ist 12.15 Uhr, Zeit, sich zum Mittagessen auf den Weg zu machen. Zusammen mit der CP-Mannschaft gehen wir hinüber zum Rhönhaus, dem großen zentralen Eßsaal, der auf allen Bruderhöfen gleich heißt.

„Das tägliche Essen muß zu einem geweihten Fest der Gemeinschaft gestaltet werden", sagt Eberhard Arnold. Na, mal sehen . . .

5 Einheit mit Konferenzschaltung – oder: Das Paradies der Werktätigen

Mit uns strömen noch ca. 250 andere Bruderhöfer zum Eßsaal, von allen Seiten kommen sie sternförmig heran. Das Rhönhaus ist täglich zweimal der Kristallisationspunkt der Gemeinschaft. Und festlich ist es auch: Ein achteckiger, großer Saal mit einer geschwungenen Holzkonstruktion als Decke. Die Wände in kräftigem Blau, große, zwei mal drei Meter hohe Bilder an den Wänden, die regelmäßig ausgetauscht werden: fackeltragende Jugend in den Rhönbergen, ein Blick über das Hügelland um den Rhönbruderhof, die Waldquelle nahe dem alten Sannerzer Haus — alles von kunstbegabten Bruderhöfern gemalt.

Links im Raum eine große Bühne, an der Kopfseite eine Reihe Fenster, die den romantischen Blick auf die Catskill-Mountains freigeben. Bei jedem Abendessen kommt man so bewußt in den Genuß eines farbenprächtigen Sonnenuntergangs. Über dem Durchgang zur Küche hängen drei Uhren: 12:30 zeigt die erste, die Woodcrester Uhr an. 17:30 zeigt die Uhr für den englischen Bruderhof in Darvell und 11:30 für die alt-hutterische Schwester-Kolonie in Manitoba, South Dakota.

Wir sind fast ein bißchen spät, denn die meisten der 250 gedeckten Sitzplätze sind schon besetzt, ein wirklich feierliches, erwartungsvolles, buntes Bild — aber auch ein bißchen angsterregend, so einer geballten Menge Bruderhof gegenüber zu stehen.

Kaum sitzen wir, werden die beiden Türen geschlossen, es knackt im großen Lautsprecher, und Dick Domers markige Stimme tönt durch die von vier großen Ventilatoren an der Decke gut gequirlte Luft:

„Is New Meadow Run on the line?“

Es knackt und rauscht und dann kommt die Antwort:

„Yes, Dick, we greet you very warmly!“ „And Deer Spring?“ „Yes, Dick, we can hear you!“ Alle drei Höfe sind jetzt miteinander verbunden — über eine Telefon-Standleitung, die auf Dauer gemietet wurde.

Dick schlägt ein Lied vor, und wenige Sekunden später singen alle drei Höfe gemeinsam das Mittagessen ein. Und wie sie singen! Kein Vergleich mit jenem dünnen, manchmal gequält-getragenen Gemeindegesang, den ich kenne. Hier wird vierstimmig gesungen, und das klingt so voll und frisch, daß man kein Instrument zur Begleitung braucht. An der kraftvollen Intensität des Singens wird klar, wie viele junge und mittelalterliche Mitglieder der Bruderhof hat.

Singen — das wird hier sehr ernst genommen, es hat eine geistliche Dimension. Oft drückt sich in einem bewußt gewählten Lied eine bestimmte Stimmung aus, die jeder fühlt, die man aber nicht ohne weiteres in eigene Worte kleiden will. Man ist vorsichtig hier mit großen geistlichen Worten und leerem theologischem Geschwätz.

Viele der Bruderhöfer kommen aus Kirchen, in denen große fromme Worte gemacht wurden, in denen aber die entsprechende Tat und das Leben fehlte. Auch der ständige Satz: „Wir wollen nicht reden, wir wollen leben, tun, handeln“ findet hier seinen Ausdruck. So berührt die Bruderhöfer ein gemeinsames Lied oft sehr tief, es hat große

Als junges Paar: Eberhard und Emmy Arnold

Heimat von 1926–1937: Rhönbruderhof

Willkommen in Woodcrest

Versteckt sich im Wald: Ein Teil des Hofs

Rotkäppchen beim Schulausflug

Intensive Betreuung: Die Kleinsten der Gemeinschaft

Tour de Hof ist angesagt

Gespannte Aufmerksamkeit in Bruderhofblau

Spielgefährten

Tomaten heute im Angebot!

Pause

Auf dem Heimweg vom See

Einzug der Vorschule ins Schulhaus

Und was machen wir jetzt?

Verflixt, wo stand das noch?

Papa ist der Lehrer

12.30 Uhr: Essen ist fertig

Ferienzeit

Bedeutung, es drückt Gebet, Dankbarkeit, Lob, Freude aus. Und das merkt man . . .

Das eigentliche Essen beginnt nach dem Lied mit einer kurzen Stille. Es gibt kein öffentliches Tischgebet. Man will niemanden vergewaltigen mit allgemeinen Worten, jeder soll frei sein, die Stille mit etwas ihm Entsprechendem zu füllen. Man will lieber ehrlich sein, als oberflächlich scheinfromm.

Trotzdem stellt mich diese Lösung nicht ganz zufrieden. Sicher ist es gut, ehrlich zu sein. Aber die allgemeine Zurückhaltung der Bruderhöfe in bezug auf das Gebet scheint mir nun ihrerseits mittlerweile eine so institutionalisierte Form zu sein, daß der Verdacht naheliegt, eine offensichtliche Schlagseite nach rechts (zuviel leeres Geschwätz) sollte hier mit einer Schlagseite nach links (äußerste Zurückhaltung) bekämpft werden. Wenn dabei nach einer gewissen Zeit nicht irgendwann einmal die sinnvolle Mitte gefunden wird, lernen die Gründerenkel ihrerseits auch nur wieder eine fromme Tradition kennen, die auch nicht den Idealzustand darstellt, sondern eine vor Jahrzehnten eingeschliffene Antihaltung.

Will heißen: Zu vielen Worten begegnet man besser mit den richtigen Worten als mit zu wenigen. Aber das Bruderhofleben ist ständig im Fluß. Was heute stimmt, kann morgen schon umgeworfen sein. Probleme von heute sind oft morgen schon vergessen.

Beim Mittagessen heute gibt es Reis mit einer Fleischsauce und frischem Gemüse, dazu für die Kinder Milch und für uns Erwachsene eisgekühltes Wasser zu trinken. Gegessen wird von Plastikgeschirr, weil durch die vielen Kinder einfach zuviel kaputt ging, bevor man diese unzerbrechlichen Teller und Tassen anschaffte.

Nachgefüllt und aufgetragen wird bei Tisch von einem ständig wechselnden Team von Männern, den sogenannten „Austeilers", die hinterher auch den umfangreichen Abwasch erledigen. Gekocht wird von Frauen und jungen Mädchen, die speziell dafür ausgebildet wurden. Rollenverteilung à la Bruderhof.

Mittags und abends wird warm gegessen. Das Essen ist meist einfach, aber schmackhaft und mit Überlegung zubereitet. Heute gibt es als Nachtisch Orangen, einige sind schon etwas angefault, wahrscheinlich hat der Steward, der „Diener der Notdurft" oder „Weinzedel", wie er bei den Alt-Hutterern noch heißt, mal wieder einen ganzen Truck voll Orangen billig ergattert, die sich nicht mehr verkaufen ließen und sonst weggeschmissen worden wären. Bei solchen Gelegenheiten schlägt der Bruderhof groß zu:

Wenn im Supermarkt des Nachbarortes der Strom ausfällt, dann ist der Lastwagen des Bruderhofes zur Stelle, wenn der Fruchtgroßhandel einen LKW voll überlagerter Bananen loswerden will — der Bruderhof hat genug Hände zum Aussortieren und genug hungrige Münder zum Essen. Auch andere Waren, die vielleicht kurz vor dem Ende der Verfallzeit nicht mehr abgesetzt werden, gehen an den Bruderhof: Mit dem hofeigenen Truck, der von den anderen Höfen die Vorprodukte für die Woodcrester Werkstätten holt, geht dann auf dem Hinweg eine Ladung überlagerter Bananen, noch brauchbaren Fruchtsaftes und eines günstigen Großeinkaufs an Grillwürstchen ab. Man kann billig und gut leben in einer Gemeinschaft, auch wenn es dadurch mal zwei Wochen lang Tomaten oder Orangen in allen nur denkbaren Variationen gibt.

Bis auf die kleinen Kinder und deren Betreuerinnen und einzelne Alte oder Kranke nehmen alle an den gemeinsamen Mahlzeiten teil. Aber auch die Abwesenden können über Lautsprecher in ihren Häusern das Geschehen im Eßsaal verfolgen. Niemanden draußenzulassen, wirkliche Gemeinschaft zu erreichen, eine Einheit zu bilden, das ist der Sinn all der aufwendigen Technik, die es erlaubt, sogar über 600 Kilometer Entfernung beieinander zu sein — denn soweit ist der New-Meadow-Run-Bruderhof in der Westspitze Pennsylvanias von Woodcrest entfernt.

Aber die akustische Verbindung zueinander ist nicht zuerst wegen des Liedes am Anfang und Schluß der Mahlzeiten wichtig, sondern weil bei jeder Mahlzeit etwas ge„shared" wird: Man teilt Erfahrungen und Gedanken. Da wird aus Eberhard Arnolds Büchern vorgelesen, da gibt es Geschichten aus der Sklavenzeit der USA, mal sind es die neuesten Nachrichten oder Hintergründe, die miteinander geteilt werden, mal der Reisebericht von „Geschwistriget", die gerade vom englischen Bruderhof herübergekommen sind oder in Deutschland waren.

Aber auch die Gäste kommen dran: Sie sollen von ihrer Arbeit und von ihren Gedanken und Vorhaben berichten. So entsteht in der Gemeinschaft kein Informationsgefälle. Jeder bekommt möglichst alles mit, gleiche Themen bewegen die Gemeinschaft, man hat Stoff, über den man gemeinsam nachdenken kann.

Die Verbindung zu den beiden anderen amerikanischen Höfen wird dabei allerdings nicht zu jeder Mahlzeit hergestellt. Nur wenn Wichtiges, alle Interessierendes von einem Hof zu berichten ist, gibt es eine Konferenzschaltung.

Diese äußeren Formen und Einrichtungen sind Ausdruck eines wichtigen theologischen Anliegens der Bruderhöfe. Es geht ihnen um Einheit, um Eintracht, um Einssein. Und das nicht nur in großen Dingen, sondern auch in denen des Alltags. Man möchte eine gemeinschaftliche Entwicklung erleben, kein Hof soll zuviel Eigenleben führen. Auch wenn man getrennt lebt, will man eine einige Gemeinschaft sein. Äußere Einheit ist da nur Ausdruck der viel tiefer reichenden inneren Übereinstimmung.

Auch dieses Ideal hat geschichtliche Wurzeln. Eberhard Arnold sagt:

„Das gerade ist das Furchtbare, daß man im sogenannten Christentum so uneinig ist, nicht nur in den verschiedenen Kirchen, sondern auch unter denen, die mit Ernst Christen sein wollen. Und es bedeutet absolut keine Hilfe, über alle Fragen, in denen man sich nicht einig ist, zu schweigen."

Deswegen kann es schon einmal sein, daß es auf Bruderschaftstreffen zu lebhaften Diskussionen über den jeweils richtigen Weg kommt. Entschieden wird aber letztlich nicht demokratisch, sondern durch Konsens. Nicht die Mehrheit bestimmt den Weg, sondern die Einheit. Nur wenn jeder von Herzen zustimmt, ist Einheit erreicht, nur dann kann ein gemeinsamer Weg gegangen werden. Dabei kann es durchaus sein, daß ein einzelner gegen die ganze Gemeinschaft steht und Entscheidungen vertagt werden, neue Gespräche folgen und sich die Ansicht des einzelnen schließlich durchsetzt.

„Nur auf dem Boden der Freimütigkeit, der Freiwilligkeit und Offenherzigkeit kann eine Überzeugung in Einmütigkeit entstehen. Uns ist niemals unangenehm gewesen, wenn in unserer Mitte ausgesprochen entgegengesetzte Überzeugungen vertreten wurden. Wir glauben, daß der freie Austausch der Meinungen zu dem Ziel führen kann, daß ein überlegener Geist der Wahrheit, der nicht von uns Menschen herrührt, die letzte Überzeugung schenkt."

Der Weg zur Einheit ist dabei niemals menschliche Überzeugungskraft oder Argumentationsfähigkeit:

„Diese Einstimmigkeit kann nur auf dem religiösen Weg zustande kommen. Nämlich dadurch, daß Gott durch seinen Geist zu jedem einzelnen dasselbe sagt, was er zu den anderen sagt. Diese Einstimmigkeit kommt nicht durch Überreden zustande“ (Eberhard Arnold in Tischreden auf dem Rhönbruderhof).

Einen einigen Weg zu finden, ist trotzdem nicht einfach, jeder Bruderhöfer weiß das. Um so höher schätzen die Bruderhöfe denn auch jenen Zustand der vollkommenen geistlichen Einheit ein, wo man sich im Großen wie im Kleinen völlig einig weiß. Nur dann feiern die Bruderhöfe Abendmahl miteinander, für sie das höchste Zeichen menschlicher Einheit mit Gott.

Zum Ideal der Einheit gehört nicht nur die Einheit in Beschlüssen und Zielen. Auch die Einheit in der Ehe gehört dazu, das heißt die Unzerstörbarkeit der Ehe und wirkliche Treue. Entsprechend gibt es auf Bruderhöfen auch keine Scheidungen. Menschen, die nach ihrer Scheidung Mitglied eines Bruderhofes geworden sind, dürfen nicht wieder heiraten.

Einheit ist aber noch umfassender. Eberhard Arnold:

„Oft ist es doch so: Hier ist der Gottesdienst, hier diene ich Gott, und dort ist mein Beruf, dort lebe ich für mich und meine Familie. Wie ist da die Einheit und Einigkeit mit sich selbst und den anderen zu finden?“

Dieser ganzheitliche Aspekt der Nachfolge Christi findet sich in allen Teilbereichen des Bruderhoflebens wieder. Es wird nicht getrennt zwischen Arbeit und Freizeit, Beruf und Familie, Gemeinschaft und Privatleben, Mein und Dein: Dies alles sind nur Teilaspekte einer einigen Gemeinschaft, ganzheitlicher Nachfolge Christi nach dem Modell der Urgemeinde.

Bei unserem ersten Mittagessen auf dem Bruderhof ist gerade ein anderer Gast dabei, vor dem vereinigten Publikum der drei Höfe zu „sharen“: Vincent Harding, ein farbiger Kirchengeschichtsprofessor aus Denver erzählt über seine Arbeit, seine Suche nach radikalerem Christsein und mehr Gemeinschaft. Er erzählt über seine Arbeitsgebiete, die Erforschung der Sklavenbefreiung in den USA. Erzählt von den bitteren Zuständen, die noch vor 150 Jahren in den USA herrschten und wie die Christen bei beiden Bewegungen führend mitgemacht haben: bei der Unterdrückung der Sklaven die eine Sorte, bei deren Befreiung die andere. Ein auch für uns Europäer interessanter Mahlzeit-Vortrag, eine gute Einrichtung eigentlich.

Die Bruderhöfer sind bewegt. Der Bruder, der das Mittagessen leitet, bittet den Männerchor der Community, drei alte Negro-Spirituals zu singen. Die Lieder sollen das Gesagte ergänzen. Und dann stehen alle diese kernigen Männer in ihren derben Arbeitskleidern, die gerade noch eben unten in der Fabrik an der Drehbank gestanden haben, auf und gehen zur Bühne. 70 Leute vielleicht — vom milchgesichtigen Jüngling bis zum graubärtigen Pensionär. Sie fangen an zu singen. Und wie sie singen!

Ich sitze direkt vor der Bühne und kann die Männer dort sehen. Viele von ihnen barfuß, wie das hier in Woodcrest im Sommer Sitte ist, mit aufgekrempelten Hosenbeinen, dreckigen Füßen oder derben Schuhen. Welch ein Gegensatz: unten lauter deftige Naturburschen und oben Wiener Sängerknaben, Seniorenklasse, mit wunderschönem berührendem Gesang:

„We shall overcome.“

Arbeit, Essen, Singen — alles eine Einheit.

Essen als „geweihtes Fest der Gemeinschaft"? Ja, heute war das tatsächlich so, beeindruckend und wunderschön für alle, spontan und unerwartet. In vielen Bruderhöfen wird diese Mahlzeit Tagesgespräch werden, man wird in der Mittagspause in den Familien darüber erzählen, am Arbeitsplatz, in der Snack-Pause am Nachmittag. Gemeinschaft.

Um zwei Uhr sind wir wieder auf den Beinen. Man hat hier ständig Schwierigkeiten, die vielen Eindrücke angemessen zu verarbeiten, die Ereignisse überstürzen sich zu sehr.

Auf dem Weg runter zum Shop, wie man die Fabrik von Community Playthings hier etwas untertreibend nennt, sehen wir am Parkplatz den Bus der Community stehen. Ein großer gelber Bus, typisch amerikanisch aussehend, mit einer kleinen Schnauze vornedran. In merkwürdigen Lettern steht „Hutterian Society of Brothers" darauf, es ist der Schulbus der Gemeinschaft.

In der Fabrik des Hofes arbeiten fast ausschließlich Männer. Erste Anlaufstelle für uns ist der Metal-shop, die Produktionsstätte für die aus Aluminium gefertigten Klettergerüste, Wagengestelle und Zubehörteile. Auch eine Aluminiumschmelzerei gehört zu der großen Halle, in der zahlreiche Brüder am Schweißen, Sägen und Feilen sind. Gleich dahinter ist eine Lackiererei, wo — an einem Endloskettenband hängend — gerade Kinderdreiräder mit gelber Farbe gespritzt werden.

Im ersten Stock des Gebäudes treffen wir auf die Fertigmacherei. Hier werden Fahrräder aus den Einzelteilen zusammengebaut — im Grunde komplizierte, speziell für Behinderte gefertigte Therapiegeräte. Die Behindertenausrüstungen des Bruderhofes sind alle in Zusammenarbeit mit Therapeuten erdacht. Gerade hat man wieder fünf neuentwickelte Dreiräder an verschiedene Therapiestätten geschickt, damit die dort gesammelten Erfahrungen in der endgültigen Produktion verwirklicht werden können.

Erstaunlich ist, daß hier in der Produktion nicht nur junge und mittelalterliche Leute arbeiten, sondern auch die ältesten Brüder der Gemeinschaft — sehr freundlich und würdig aussehende Greise oft schon.

Gerade haben wir Nils kennengelernt, einen alten Schweden, der sein Ingenieurstudium in Deutschland absolviert hat, dabei auch durch deutsche Lande gewandert ist. Als er auf den Bruderhof in der Rhön traf, ist er dort hängengeblieben.

Durch eine Lagerhalle mit fertigen, verpackten Waren gelangen wir zur Halle der Holzwerkstatt. Hier wird ausschließlich Ahornholz verarbeitet, ein schönes, festes Holz, das gleich lastwagenweise verbraucht wird. Ein „Fach-Bruder" mit dem richtigen Blick dafür schneidet — Äste und schadhafte Stellen sofort einkalkulierend — die rohen Ahornbretter genau auf die gebrauchte Länge zurecht. Diese Bretter werden dann wieder der Länge nach zersägt, gehobelt und kommen dann in den „Moulder", eine vollautomatische Maschine („aus Deutschland!", erzählt uns jeder zweite Mann, den wir hier treffen. Anscheinend meinen alle, daß wir uns in der Gegenwart einer deutschen Maschine ganz heimisch fühlen müssen), die am Ende fertig gerundete und wunderschön glatte Bauklötze ausspuckt.

Viele Maschinen haben die Brüder allerdings auch speziell für ihre Zwecke selbst konstruiert. Eine große Gemeinschaft hat eben für jede Aufgabe irgendeinen Spezialisten, der dafür besonders begabt ist.

Natürlich gibt es hier auch alle möglichen anderen Abteilungen: Vor uns werden Tische zusammengeschraubt, hier liegen riesige Stapel von Kinderbett-Seitenteilen und dort drüben werden gerade Holzplatten lackiert. Wegen des Lackstaubs, der in der Luft herumwirbelt, eine unangenehme Arbeit. Aber man wechselt sich ab. Niemand soll ausschließlich an die härteren, schwierigen Arbeitsplätze gebunden sein.

Sicherheit wird großgeschrieben in dieser Abteilung. Man trägt Kopfhörer zum Schutz vor Lärm und Schutzbrillen. Über jeder Maschine hängt eine spezielle Arbeitsinstruktion samt Sicherheitsanweisungen dafür, was man auf jeden Fall machen muß, und was man auf keinen Fall machen darf. Das ist besonders deswegen nötig, weil immer wieder andere an den Maschinen arbeiten, unter anderem auch die Burschen aus der High-school, die sich hier in den Ferien oder nachmittags schon mal ans Arbeitsleben gewöhnen können.

Aber nicht nur Sicherheitsinstruktionen hängen über jeder Maschine, sondern auch ein anderer Zettel, der mir schon den ganzen Vormittag über aufgefallen ist: Über den Schreibtischen im CP-Office, neben Big-Babys Riesenglotzauge in der Laundry, über dem Wickeltisch im Baby-Haus, überall hängt „Das erste Gebot in Sannerz“, die oberste Marschregel allen Zusammenlebens auf den Bruderhöfen. Seit gut sechzig Jahren begleitet sie die Bruderhöfer und versorgt sie mit einem entscheidenden Hinweis für eine funktionierende Gemeinschaft:

„Es gibt kein Gesetz als das der Liebe (2. Joh. 5–6). Die Liebe ist die Freude an den anderen. Was ist also der Ärger über sie?

Das Weitergeben der Freude, die das Hiersein der anderen bringt, bedeutet Worte der Liebe. Deshalb sind Worte des Ärgers und der Sorge über Glieder der Bruderschaft ausgeschlossen. Es darf in Sannerz niemals deutlich oder versteckt gegen einen Bruder oder eine Schwester – gegen ihre Charaktereigenschaften – geredet werden, unter keinen Umständen hinter ihrem Rücken. Auch das Reden in der eigenen Familie bildet hierfür keine Ausnahme.

Ohne das Gebot des Schweigens gibt es keine Treue, also keine Gemeinschaft. Die einzige Möglichkeit ist die direkte Anrede, der unmittelbare Bruderdienst an dem, gegen dessen Schwächen etwas in uns aufsteigt. Das offene Wort direkter Anrede bringt Vertiefung der Freundschaft und wird nicht übelgenommen. Die gemeinsame Aussprache beider mit einem Dritten, dem man vertrauen kann, daß er zur Lösung und Einigung im Höchsten und Tiefsten führt, wird nur dann notwendig, wenn man sich auf direktem Wege unmittelbar nicht gefunden hat (Matth. 18, 15–16).

Diese Ermahnung hänge sich jeder der Hausgemeinschaft an seinem Arbeitsplatz auf, wo er sie stets vor Augen hat.“

Soweit ich es beurteilen kann, hält man sich tatsächlich an diese wichtige Regel. Es gibt kein Geschwätz übereinander, keine Heimlichkeiten, kein Verketzern, Verspotten, Tratschen.

Klar, das klappt nicht immer, aber insgesamt wird auf diese Weise ein Klima von Vertrauen und Liebe erreicht, in dem Minderwertigkeitsgefühle und Unsicherheit kaum Nahrung finden. Dieses „erste Gebot“ ist keine erstarrte Tradition, sondern tägliche Notwendigkeit. Jeden Tag neu muß man es sich wieder klarmachen, um wirklich in Gemeinschaft leben zu können.

Hier im Shop riecht es nach Arbeit, nach Alltag und normalem Leben. Trotzdem ist die Tatsache faszinierend, gerade hier auf einem ansonsten so idyllischen Hof eine so professionell aufgezogene Arbeitsstätte zu finden. Man spürt den Wunsch, dauerhaft Gemeinschaft zu leben. Dies sind nicht erste zaghafte Gemeinschaftsversuche, wie ich sie aus Deutschland kenne, sondern hier ist ein lebendiger Organismus mit allem Drum und Dran entstanden — samt Gießerei, Plastikziehmaschine, Versandabteilung und Farbkatalog. Diese Gemeinschaft besteht nicht nur aus netten Menschen, aufregenden Mittagessen und bunter Folklore, hier geht es um realistische Bewältigung des ganz normalen Lebens.

Gleich wird es zum Snack klingeln, Pause in der Werkstatt. Wir kommen gerade an einem Arbeitstisch vorbei, an dem der Professor von heute mittag mühsam die scharfen Ränder von verleimten Holzplatten abschmirgelt. —

„Es gibt keine Gäste auf dem Bruderhof, nur Mitarbeiter!"

Hinter dieser Regel steht eine Idee, ein Ideal: Der vielleicht wichtigste Aspekt der Arbeit auf dem Bruderhof ist die Gemeinschaft.

„Wir wissen, daß oft in der Arbeitsgemeinschaft eine innere Begegnung geschenkt werden kann, die der praktischen Arbeit erst den Sinn verleiht", schrieb Eberhard Arnold im Mai 1929. Das gilt auch noch heute. Auf dem Bruderhof wird Gemeinschaft gefeiert, Gemeinschaft zelebriert. Auch der Bereich der Arbeit ist davon erfaßt. Deswegen darf die Arbeit nicht den Menschen bestimmen, sie soll dienen, nicht beherrschen. Deswegen geht es nicht darum, durch Hetze und Lohnanreize möglichst viel her-

auszuholen. Man arbeitet füreinander, nicht für einen Arbeitgeber. Arbeit ist Teil der Gemeinschaft untereinander, deswegen muß Zeit bleiben für Gespräch, darf keine Angst und Leistungsdruck herrschen. Die Arbeit ist ruhig, entspannt, nicht hektisch.

Das heißt nicht, daß der Bruderhof das Paradies der Faulen und Arbeitsscheuen ist oder daß hier keine großen Leistungen erbracht werden. Im Gegenteil: Es gibt hier noch die Sechs-Tage-Woche. Auch sonnabends steht man an der Maschine. Aber Arbeit, Leben, Freizeit, Gemeinschaft — das läuft hier nicht getrennt, geht ineinander über. Gemeinschaft heißt, einander dienen, für den anderen da sein — und das hört nicht an der Werkstattür auf.

„Die Menschen haben oft nur die eine Beziehung zu ihrem Beruf, daß sie sich damit ihr Brot verdienen können. Im übrigen ist ihr Leben unabhängig von ihrem Beruf. Wir bekämpfen das. Ebenso, wie Einstimmigkeit zwischen Menschen sein muß, so muß auch Einstimmigkeit zwischen Arbeit und Berufung sein" — so gibt es die Aufzeichnung einer Tischrede von Eberhard Arnold aus der Rhönbruderhofzeit wieder.

Leben, Arbeit, Glaube, Gemeinschaft — das gehört zusammen in den Augen des Bruderhofs. Deswegen beginnt die Arbeit hier auch nicht mit 16 oder endet mit 65. Weil hier eine ganzheitliche Beziehung herrscht, werden auch die Schulkinder schon mal zu leichter Arbeit herangezogen, und auch die Alten arbeiten in dem Maß mit, wie es ihre Kräfte erlauben — und nehmen so auch wieder teil an der Gemeinschaft, sind nicht ausgeschlossen. Altersheime braucht es auf einem Bruderhof nicht zu geben. Wozu? Man ist ja Gemeinschaft, ist füreinander da. Und deswegen sitzt ein 80jähriger noch täglich seine Stunden im Archiv und überträgt alte, in Sütterlin geschriebene Briefe ins Englische, oder eine andere steht täglich eine Stunde in der Laundry und bügelt die Taschentücher der ganzen Gemeinschaft, ein Dienst für alle. Einsamkeit im Alter, Abgeschiedensein vom Leben, Isolation und Gettobildung gibt es in diesem Lebensmodell nicht.

Wir allerdings bleiben für heute noch verschont von diesem „Paradies der Werktätigen“ und dürfen uns ausruhen. Aber morgen, pünktlich um acht Uhr, werde ich auch irgendwo in der Werkstatt antreten müssen.

Mal was anderes als Schreibtisch, denke ich und bin gespannt . . .

6 Sinfonie für Preßluftbohrer, Schraubenzieher und Kinderbetten, vierhändig

Also, heute geht es los, acht Uhr, Arbeitsbeginn. Allerdings beginnt unsere Arbeit hier auf dem Bruderhof meist schon vor der Arbeit. Diese Arbeit vor der Arbeit heißt „Snacks", Frühstück, Snacks und nochmal Snacks.

Hermann trägt eine furchterregende, länger und länger werdende Liste mit Namen von Familien bei sich, die uns einladen wollen oder die wir in unserem eigenen Interesse unbedingt besuchen müssen. Für solche Zwecke eignen sich das Frühstück und ganz besonders jene — bei uns mittlerweile berüchtigt werdenden — „Snacks", anscheinend so etwas wie das Herzstück des sozialen Lebens auf Bruderhöfen.

Leicht übertrieben hat man sich das etwa so vorzustellen: Gerade hat der Wecker sein nervtötendes elektrisches Klingeln von sich gegeben, kaum hat man sich die Hose übergezogen und das Hemd zugeknöpft, da klopft es auch schon leise und zaghaft an der Tür. Wenn man aufmacht, sieht man vier kleine Bruderhofkinder, orgelpfeifenmäßig und eins netter als das andere vor sich aufgebaut, die uns zum Frühstück abholen sollen. Wir kennen uns ja immer noch nicht richtig aus. Man sagt „Just a moment", flitzt nochmal schnell ins Zimmer zurück, reibt den Schlaf aus den Augen, fährt sich mit dem Kamm durch die Haare — und wird auch schon von einem der sechsjährigen Burschen an die Hand genommen und mit sanfter Entschlossenheit über Treppen und Wege zum Haus am Hang gegenüber gebracht, wo schon einer der riesigen Frühstückstische und sieben mit großen, interessierten Augen dasitzende Geschwister warten.

Wie üblich bekommen wir die Ehrenplätze. Natürlich wird ein deutsches Lied ausgesucht, und zum dritten von einundzwanzig Malen singen wir „Gutan Morgan, liebä Sonnä, an dem blauen Himmelszealt. Hast du aauch so gutt geschlafean, wie wir hier auf dieser Wealt . . .“ Dann dürfen wir üblicherweise als erste nehmen, meist Ei und Schinken samt Toastbrot. Den Schinken mag man in Amerika anscheinend immer so „well done“, daß man nicht mehr lange daran arbeiten müßte, um würzige Kohlekompretten draus machen zu können. Und das Toastbrot wird selbst von Amerikanern als „Airfilter“ verhöhnt, die Packungen lassen sich zu Faustgröße zusammendrücken, gut fürs Reisegepäck.

Auch der Kaffee schmeckt meist etwas nach Luft. Das muß wohl an diesem merkwürdigen Herstellungsverfahren liegen, das wir bei einem unserer seltenen privaten Frühstücke hier in Woodcrest nur nach ausführlicher Erklärung und halbstündiger Versuchsphase erlernt haben: Man stellt die Kanne direkt auf die Gasflamme, gibt Wasser hinein und Kaffee in eine Art Filter direkt unter dem Deckel. Der ist mit einer gläsernen Spitze versehen, durch die man nach etwa siebenfachem Umwälzen des Wassers und der entsprechenden Braunfärbung erkennen soll, wann der Kaffee trinkfertig ist. Woodcrester Fachleute haben uns versichert, daß dies Verfahren klappt — das Ergebnis unserer eigenen Bemühungen war niederschmetternd.

Die Arbeit beginnt dann spätestens, wenn man den ersten Brocken im Magen hat. Wenn es gutgeht, wird man mit interessierten Fragen überschüttet — wenn man Pech hat, muß man sich laufend neue Themen einfallen lassen, über die man etwas erzählen kann. Erschwert wird das alles natürlich entscheidend durch unseren dürftigen Englischwortschatz. Verzweifelt raufe ich mir oft innerlich die Haare über das undifferenzierte Gestottere, das ich da manchmal von mir gebe. Wie gut ginge das in Deutsch!

Nach ungefähr 50 Ereignissen dieser Art hatten wir uns dann aber gegen Schluß unseres Aufenthaltes einen entsprechenden Fachwortschatz speziell für den Snack- und Frühstücksgebrauch angeeignet.

Wir erzählen 37mal von der Friedensbewegung in Deutschland, 34mal vom sauren Regen, 31mal von den Grünen im Bundestag. Zum Programm gehören häufig Gollwitzer, Eppler und Thielicke und auf jeden Fall die Kirchensituation in Deutschland, die hier sowieso niemand richtig verstehen kann.

Daß die progressiven Kirchler meist nicht so fromm, die Frommen meist nicht so progressiv sind und daß alle Seiten meist mit denselben Mitteln, die sie bei der anderen Seite gerade verurteilen, aufeinander einhacken. Daß die Grünen nicht fromm, aber für die Friedensbewegung und leider nicht gegen Abtreibung sind, daß die Frommen zwar gegen Abtreibung, aber durchaus nicht grün und nicht für Gewaltlosigkeit sind usw. usw. Und wenn wir das alles nicht freiwillig erzählen, dann werden wir gefragt. So ähnlich wurde es doch schon im Gästebrief verheißen, oder?

Zwischendurch muß man sich natürlich auch noch die Namen merken, die enorm süßen „sticky buns“ der Hausfrau entsprechend würdigen, und schließlich verläßt man ausgequetscht wie eine Zitrone und am Ende aller Kräfte fünf vor acht die Familie. Gleich geht ja die Arbeit los . . .

Wenn man die gelinden Übertreibungen aus dieser Schilderung streicht, bleibt immerhin noch genug übrig, um den zahlreichen Snacks mit etwas gemischten Gefühlen gegenüberzustehen. Und trotzdem: Gerade hier erfahren wir viele interessante Geschichten, aufregende, ungewöhnliche Lebenswege, die die einzelnen zum Bruderhof gebracht haben.

Wir sind immer wieder neu erstaunt, wie wißbegierig, engagiert und teilnehmend die Menschen hier sind. Mit Aufregung verfolgen sie das Wachsen der Friedensbewegung in Europa, mit Sorge hören sie Nachrichten aus den Ländern ihrer jeweiligen Besucher, sie sind wach und interessiert. Nicht zuletzt der Reichtum dieser menschlichen Begegnungen — oft besonders mit den älteren Geschwistern — macht den großen Reiz des Bruderhofs aus. Man sitzt nicht zusammen vorm „Tivi“, sondern man redet, lebt, hat Gemeinschaft.

Um acht also beginnt die Arbeit nach der Arbeit. Im Büro des Shops werde ich eingeteilt. Zusammen mit Timothy, einem 17jährigen Highschooler, werde ich an einen Arbeitstisch gebracht, vor dem schon riesige Stapel von hölzernen Vorprodukten stehen, die wir gemeinsam zusammenbasteln sollen. Zwei Mann, zwei Seiten. Was jetzt folgt, würde man in der Musik vielleicht „Sinfonie für Kinderbetten, Preßluftbohrer und Schraubenzieher“ nennen. Vierhändig gespielt, natürlich.

Nachdem mich Nick, der Werkstattleiter, kurz mit den verschiedenen Handgriffen und Werkzeugen vertraut gemacht hat, legen wir los. Ich komme mir vor wie ein Pennäler bei der großen Abschlußprüfung. Timothy, der mir grinsend gegenübersteht, hat natürlich schon den vollen Durchblick. Der hat das gestern schon gemacht. Mich packt ein gewisser Ehrgeiz, mir selbst mal zu beweisen, daß ich auch noch was anderes als eine Schreibmaschine und ein Telefon bedienen kann. Das Ganze bekommt einen gewissen sportlichen Reiz dadurch, daß Timothy ständig solange warten muß, bis ich Anfänger fertig bin mit meiner Kinderbettseite — und das will ich natürlich aus rein edlen Motiven vermeiden.

Aller Anfang ist schwer, sagt man ja, aber diese preßluftbetriebenen Bohrer sind an sich ganz leicht zu handhaben, kein Problem. Das geht ja rein ins Holz wie Butter! Jetzt also mal das Gitter zwischen die Eckpfosten, die Beschläge aufgelegt, die vier großen Schrauben in die vorgebohrten Löcher an der Seite und ab geht die Post. Kein Problem, siehste, hab ich doch gewußt. Auch der „screwdriver“, der Schraubenzieher, funktioniert mit Preßluft, ein tolles Ding, das flutscht nur so.

Jetzt noch die vier kleinen Schrauben, ah, die muß man vorne draufpappen, der Schraubenzieher ist magnetisch und hält die Schrauben vorne senkrecht fest. Sehr praktisch, denke ich, da werde ich mir nicht gleich in den Daumen schrauben beim Festhalten. So, jetzt angesetzt und draufgedrückt, krrrk, hoppla, wo ist denn die Schraube geblieben? Tempo, Junge, gleich nochmal, das klappt doch bei Timothy auch! Also, krrrk! Immerhin — diesmal hat die Schraube schon drei Umdrehungen durchgehalten, bevor sie irgendwo gegen die Wand fliegt. Nach und nach bekomme ich dann allerdings den Dreh raus, Schrauben ohne vorgebohrte Löcher in das harte Holz reinzubekommen.

Und dann beginnt es langsam Spaß zu machen. Immer weniger muß Timothy auf mich warten. Na, und warte mal, wenn ich mir jetzt diese Schrauben nach hier lege, die Räder nach da und die Beschläge nach da, siehste, das geht doch viel schneller! Jetzt kann ich doch gleich voll mithalten! Nach einer halben Stunde derartiger Einarbeitung habe ich genug Routine, um schon mal ein paar Fragen stellen und beantworten zu können.

Fragen beantworten kostet allerdings immer doppelt soviel Anstrengung, weil man dazu in der Eile erst mal die Frage verstehen muß. Je jünger die Bruderhöfer sind, umso „älter" sehe ich beim Verstehen aus, weil die Jüngeren viel schneller englisch sprechen.

Wir reden über High-school, Musik und Deutschland und darüber, daß man auf deutschen Autobahnen unglaublicherweise mehr als 55 Meilen pro Stunde fahren darf, sogar 110, 120 oder 130. Das scheint ihn mächtig zu interessieren, wahrscheinlich würde er es am liebsten gleich selber mal probieren.

Nach zwei Stunden bin ich genügend eingearbeitet, um richtig voll mithalten zu können und Spaß zu haben an der Arbeit. Mittlerweile sind drei große Stapel Kinderbett-Kopfteile verschwunden, und es ist gerade Zeit für den Snack. Draußen vor dem Shop in einer lauschigen Ecke haben sich die Männer einen netten Platz eingerichtet. Bänke stehen im Kreis, ein Tisch in der Mitte, der gutgefüllte Snack-Wagen, der stets um diese Zeit von der Küche oben fertiggemacht wird, steht vor uns, und jeder nimmt sich seinen Tee, seinen Juice oder was immer er will.

Dazu gibt es wieder mal Apfelsinen oder auch Äpfel, die man hier, vorzugsweise dick mit Erdnußbutter bestrichen, verzehrt.

Einer der Kollegen reicht einen mächtigen Schlammbarsch herum, den er letzte Woche unten im Fluß geangelt und — natürlich! — selbst geräuchert hat. Irgendwo auf dem Bruderhof steht ein Räucherhaus, das jeder benutzen kann. Alle langen tüchtig zu beim Schlammbarsch, der ziemlich gut und mehr nach Barsch als nach Schlamm schmeckt. Und natürlich gibt es eine angeregte Unterhaltung: wie der Kirchentag war, was die Friedensbewegung macht, die Grünen und der saure Regen . . .

Nach dem Snack geht es weiter mit den Kinderbetten. Bis zur Mittagspause haben wir alle geschafft, der Vorrat reicht erstmal für ein paar Wochen.

Das Mittagessen bringt nichts Neues, langsam normalisiert sich unser Leben hier. Nachmittags finde ich mich an einem neuen Arbeitsplatz wieder: Ich runde an einer speziellen Maschine die Armlehnen von Stühlen ab und bohre danach bis zum Feierabend Löcher in irgendwelche Tischplatten.

Tatsächlich bin ich nach dem Ende der Kinderbetten-Sinfonie in einen ruhigen, effizienten Arbeitsablauf gekommen. Jeder hat sich Zeit genommen, mir alles genau zu erklären. Trotzdem ist es gut, jetzt mal wieder etwas anderes zu sehen und zu hören, ganz paradiesisch ist selbst hier die Arbeit noch nicht.

Auf dem Weg zu unserem Zimmer begegnet mir Christel. Sie hat den Tag unter anderem in der Pre-school verbracht und kommt jetzt zusammen mit einer ganzen Kinderschar vorbei. Sie haben zusammen Kinderlieder gelernt. Christel kannte zum Glück ein paar neue deutsche.

Dann wurde ein kleines Fest gefeiert — ich weiß nicht, welcher Anlaß dafür herhalten mußte. Kleine und große Feste feiern, das ist eine Spezialität der Bruderhöfe.

Christel mußte natürlich erzählen, wie der Flug nach Amerika verlaufen ist. Nachdem sie ausführlich geschildert hatte, wie schön flauschig und weich die Wolken von oben aussehen, wurde sie prompt von einem der kleinen Jungen gefragt, ob man im Flugzeug auch die Fenster aufmachen könne, um die Wolken zu streicheln . . .

Auf dem Spaziergang durch das Dorf wurde anschließend noch das Vogelnest an der Seitenwand von „Sunnyside" bewundert. Leider war einer der jungen Vögel aus dem Nest gefallen, und die ganze Pre-school-Gruppe diskutierte eifrig, was man nun machen könne. Der Bruderhof samt Garten, Shop, Planschbecken, Pferdestall und Gästebesuch — das wirkt wahrscheinlich wie ein aufregender Abenteuerspielplatz auf die Kleinen. Da möchte man wohl groß werden — ständig was los, nie allein, immer interessante Sachen anzusehen und immer irgendeine Überraschung im Busch . . .

Aber auf den Bruderhöfen dürfen sich nicht nur die Kinder freuen. Man hat hier durchaus kein verklemmtes Verhältnis zu Freude, Fröhlichkeit und Vergnügen aller Art. Zweckfreies Tun, einfach aus Spaß, „just for fun", ist nicht verpönt. Das Sommer-Freizeit-Zentrum befindet sich fünfhundert Meter vom Hof entfernt an dem speziell aufgestauten See. Hier kann gepicknickt, gespielt, geplanscht und geschwommen werden. Der See hat eine Abteilung für Kinder, eine für Damen und eine für Herren, ein Badefloß in der Mitte, und — zwei Bademeister, eine für die Schwester- und einen für die Brüderabteilung. Im Notfall dürfe der Bademeister-Bruder aber auch eine ertrinkende

Schwester retten, wurde mir ausdrücklich versichert . . .

Auch der Winter bringt seine Freuden mit sich. Spätestens im Januar fällt in Woodcrest Schnee, und schon einige Zeit früher ist der See zugefroren. Dann kann man Schlittschuhlaufen und Rodeln. Und wenn die Bruderhöfe etwas anpacken, dann packen sie es auch richtig an: Es gibt eine mehrere hundert Meter lange Rodelbahn, in mühevoller Arbeit angelegt, schön in geschwungener Linie dem kräftigen Gefälle folgend und in den Kurven mit Stapeln alter Autoreifen gesichert. Bei der Rodelbahn kann man sich sogar auf eine alte Tradition berufen. Schon in den zwanziger Jahren auf dem ersten Bruderhof in Sannerz betrieb man diesen Winterspaß: Damals rauschte man sogar eine fast vier Kilometer lange Strecke vom nächsten größeren Berg fast bis ins Dorf herunter. Wagemutige, fröhliche, jugendbewegte Spiele, dafür war selbst ein Doktor der Philosophie zu haben.

Dabei wollen die Woodcrester diese Freuden gar nicht unbedingt nur für sich behalten. Sie laden durchaus schon einmal ihre Nachbarn ein oder gestalten ein Fest für die Kinder der vielen Wanderarbeiter hier in der Gegend des Hudson-Valley, deren Eltern unter oft fast sklavenähnlichen Bedingungen auf den Obstplantagen leben, zur Erntezeit von Farmer zu Farmer ziehen, oft nur in den farmeigenen Geschäften einkaufen dürfen und zum Teil illegal eingewanderte „Hispanics“ sind — Leute von Mexiko etwa, die mühelos wieder abgeschoben werden können, wenn sie unbequem werden. Wenn die Wanderarbeiterkinder so einen Festtag in Woodcrest verleben, geht es hoch her: Da wird gegrillt und gepicknickt, gespielt und getobt.

Letztes Jahr hatten die Männer aus dem Shop die halbe

Einrichtung aus dem Versand abgebaut und mit den Transportstraßen, auf denen sonst die großen Kartons von Community Playthings rollen, eine Art Rodelbahn am Hang gebaut, ein wilder Spaß.

Woodcrest als Ferienparadies? Zumindest für die Kinder des Bruderhofs dürfte das beinahe zutreffen. Sie haben hier auf dem Hof ein behütetes Kinderland, eine bewußt sauber gehaltene „heile Welt“, abgeschirmt von den schädlichen Einflüssen der zivilisationskranken amerikanischen Gesellschaft. Berührungsangst, besonders in bezug auf ihre Kinder, haben die Gemeinschaftler tatsächlich. Wer diese reinen, offenen und wirklich unverdorbenen Kinder gesehen hat, kann das aber auch gut verstehen. Daß man die Schule selbstverwaltet im eigenen Hof hat, ist deswegen eine der Grundvoraussetzungen für ihr Leben. So kann der „kindliche Geist“, die Reinheit der Kinder, erhalten werden. Dieser erwartungsvolle, vertrauende, kindliche Geist ist etwas, was sich die Bruderhöfer auch für ihre eigene Beziehung zu Gott wünschen. Schon deswegen genießt die Erhaltung des „childlike spirit“ einen hohen Stellenwert. Das Jesuswort: „Einem Menschen, der eines dieser kleinen Kinder verführt, daß es kein Kind mehr sein kann, dem wäre es besser, daß er mit einem Mühlstein um den Hals ertränkt würde“ nehmen sie sehr ernst.

In gewisser Weise hält sie dieses kostbare Gut der Kinder auch von einem stärkeren Engagement in der Welt ab. In einem Armenviertel leben wie andere Communities und mit sozial Benachteiligten arbeiten und leben? Ja, das ist eine gute Sache — aber unsere Kinder . . .

Wie groß das Problem gesellschaftlicher Einflüsse bei dem Versuch einer christlichen Erziehung tatsächlich ist, sehen sie ja bei anderen Gemeinschaften, wie etwa der vorbildlichen Sojourners-Community in Washington DC, die genau auf diesem Gebiet Probleme hat und darüber mit den Bruderhöfen im Gespräch ist. Folgerichtig sehen die Bruderhöfe denn auch in ihren eigenen Kindern eines ihrer wichtigsten Missionsgebiete. Niemand wird automatisch Mitglied der Gemeinschaft, auch nicht die Kinder. Man kann sie nicht zur Gemeinschaft zwingen, und man ist auch sehr, sehr vorsichtig damit, Novizen aus den eigenen Reihen in die Bruderschaft aufzunehmen. Andererseits ist dies aber natürlich eines der Ziele der behüteten Erziehung, und die Freude ist groß, wenn Bruderhofkinder den gar nicht selbstverständlichen Entschluß fassen, nun ihrerseits Bruderhofmitglied zu werden.

Auf jeden Fall bedeutet Zurückgezogenheit und Abschirmung aber nicht Überbehütung. Selten habe ich so wilde, wagemutige Kinder gesehen wie hier. Aber Wagemut ist ja auch ein bewußtes Erziehungsziel. Man läßt den Kindern Freiraum. Lieber mal vom Baum fallen, von „Langsam", einem der Pferde, gebissen werden und mit Kleidern ins Wasser gesprungen, als brave Duckmäuser erziehen. Die Kinder sind überall dabei und ständig aktiv. Da bleibt gar keine Zeit für Disco oder die neuesten Hits vom Plattenteller.

„Wir haben hier nicht mal einen Fernseher und Radio nur für den Wetterbericht", erzählt uns Hermann.

„Nein, nicht daß wir absolut und prinzipiell dagegen wären, man könnte ja sinnvolle Dinge raussuchen. Aber wann sollen wir Fernsehen denn überhaupt noch in unserem vollen Programm unterbringen?"

Allerdings weiß man genau, daß spätestens im Highschool-Alter, mit dem Beginn der Pubertät, ein Verselbständigungsprozeß einsetzen muß. Die Kinder sollen sehen, wie es „draußen“ in der Welt ist. Sie müssen das andere kennengelernt haben und genügend Abstand zum Bruderhof finden, um sich eines Tages überhaupt frei und bewußt für ein Leben dort entscheiden zu können.

Natürlich sind die Teenager auf das Leben draußen an der Kingston-High-school und später auf irgendeinem noch weiter entfernten College sehr gespannt. Auch ein bißchen Angst vor allem Neuen und Fremden spielt da selbstverständlich mit. Auf der anderen Seite ergaben sich bisher gerade an der High-school kaum private Kontakte, die Gruppe der „Woodys“ war ziemlich homogen, wenig durchlässig und verschwand nach der Schule meist schnell wieder in ihren sieben Bergen.

Kurioserweise änderte sich das vor kurzem durch einen Entschluß, der die Identität und Abgeschlossenheit als Gruppe eigentlich eher erhöhte. Die Woodcrester Teenager überraschten ihre Eltern eines Tages damit, daß sie in Zukunft geschlossen Flagge zeigen wollten — das heißt, die Mädchen entschieden sich, auch in der Schule das Kopftuch zu tragen, etwas, was ihnen bisher aus Rücksichtnahme der Eltern und zum Schutz gegen zuviel Ärger und Neckerei erspart geblieben war.

Vielleicht hatten auch die Teenager die Aufbruchstimmung in Woodcrest gewittert, gemerkt, daß sie sich durchaus nicht zu verstecken brauchten, sondern im Gegenteil allerhand zu bieten hatten.

Auch die Jungen zogen dann mit. Heute gehen alle im leuchtenden Bruderhof-Blau zur Schule, noch eindeutiger zu erkennen als früher . . . aber merkwürdigerweise anerkannter, geachteter und weniger verspottet.

„Seitdem wir das gemacht haben, haben wir sehr viel

mehr Kontakt zu unseren Klassenkameraden. Sie kommen jetzt sogar manchmal mit ihren Problemen zu uns und fragen um Rat“, erzählt mir eine 15jährige. Probleme, bei deren Bewältigung die Woodcrester Teenager helfen können, gibt es tatsächlich genug auf der Kingston-Highschool: Nahezu die Hälfte ihrer Schulkameraden kommt aus zerbrochenen Familien. 85 % der amerikanischen High-schooler hat, Untersuchungen zufolge, aktive Drogenerfahrungen. Das alles kennen die Woodcrester natürlich von zu Hause nicht und werden sich dabei schnell ihres privilegierten Hintergrundes bewußt. Gerade deswegen möchten sie helfen, Alternativen bieten, mit ihrem Leben herausfordern. Ihre Eltern unterstützen das sehr bewußt, auch sie möchten ja mehr Kontakte.

Ein erster Schritt dazu war eine offizielle Einladung des Bruderhofes an die ganze Schule zum Picknick auf dem Woodcrester Gelände. Von 2500 angesprochenen Schülern erschienen immerhin 150 und verlebten einen schönen Tag in der Gemeinschaft — samt gemeinsamer Mahlzeit und anschließender Aufteilung auf die Familiengruppen.

Ein weiteres Zeichen der Öffnung ist, daß die Woodcrester Kinder neuerdings auch in außerschulischen Aktionsgruppen der High-school mitmachen. „SAEV“ heißt eine, „Students against the extension of violence“ (Schüler gegen die Ausweitung von Gewalt). Mittlerweile hat die Leitung der High-school die Woodcrester sogar ganz offiziell um Mitarbeit bei der Bekämpfung der Probleme dort.

Am nächsten Wochenende ist sogar eine Fahrt des High-school-Chores zum Clearwater-Festival geplant, wo die jungen Leute singen sollen und etwas über den Hof erzählen können. Der Folksänger Pete Seeger, ein alter

Freund des Hofes und Gründer der Clearwater-Initiative, einer Umweltschutzorganisation für das vollkommen verdreckte Hudsonwasser, hat sie eingeladen. Und man fährt und ist gespannt auf diese neue Herausforderung.

All das wäre noch vor Jahresfrist nur schwer möglich gewesen. Wir finden die Bruderhöfe in einem Neuaufbruch begriffen. Man möchte heraus aus der selbstgewählten Isolation, man knüpft neue Kontakte, überdenkt alte Entscheidungen und freut sich an den vielen neuen Impulsen, die man durch die zahlreicher kommenden Gäste erhält. Neue Bewegung ist in die Bruderhöfe gekommen.

7 Christliche Utopie gegen gesunden Menschenverstand

Gäste, viele Gäste und auch viele neue Mitglieder — das war die Situation im Jahr 1922, dem ersten großen Krisenjahr für die gerade zwei Jahre bestehende Gemeinschaft. Vielleicht waren es einfach zu viele Menschen und zu viele unterschiedliche Ansichten, die der junge Bruderhof zu verkraften hatte. Zudem begann sich im gesamten Jugend-Aufbruch eine Spaltung abzuzeichnen. Die Pastoren aus den verschiedenen Kirchen riefen die jungen Christen wieder zurück in die Gemeinden, da die Aufbruchszeit sich dem Ende zuneige und die Menschen mit „den neuen Augen“ sich wieder als „kleines Licht“ in die alten Strukturen einreihen sollten.

Christliche Utopie und bürgerlicher Realismus stritten auch in Sannerz miteinander. Konnte man ein Leben in Gemeinschaft tatsächlich durchhalten? Konnten sich moderne individualistische Menschen wirklich selbst aufgeben, um gemeinschaftsfähig zu werden? Kann man die Bibel und das Zeugnis der ersten Christen heute noch wortwörtlich nehmen? Fragen, die heute noch genauso aktuell sind wie damals.

Gemeinschaft scheint sich — je enger, desto heftiger — in einer dauernden Abfolge von Höhepunkten und Krisen zu ereignen. Die Geschichte der Bruderhöfe spiegelt das wider. Zum akuten Ausbruch kam der schon lange brodelnde Streit in Sannerz durch die Problematik Glaube und Geld.

Zum Juli 1922 war dem Neuwerk-Verlag plötzlich ein großer Kredit gekündigt worden. Panik brach aus: „Wovon sollen wir leben? Woher das Geld nehmen?“ Emmy und Eberhard Arnold waren zu diesem Zeitpunkt gerade in Holland bei Kees und Betty Boeke, engen Freunden des Bruderhofs, die der jungen Gemeinschaft schon oft aus Geldnöten geholfen hatten. Betty Boeke, als Verwandte des englischen Schokoladenkönigs Cadbury, hatte öfter einmal Geld „anzubieten“, da sie mit ihrem Mann absolut besitzlos leben wollte und den Gebrauch von Geld ablehnte.

Die daheimgebliebene Gemeinschaft schrieb einen Eilbrief, um die Arnolds sofort zurückzuholen. Es mußte etwas getan werden. Eberhard Arnold aber verweigerte die Rückkehr und schrieb lediglich, daß das Geld am 2. August, dem Rückzahlungstag, zur Verfügung stehen würde. Auch dies sei eine Sache, die sich aus dem Glauben regeln müsse. Vor dem Rückzahlungstermin sei mit seiner Rückkehr nicht zu rechnen. Mag sein, daß Arnold berechtigte Hoffnung hatte, in Holland an das notwendige Geld zu kommen, und daß ihm klar war, im inflations- und krisengeschüttelten Deutschland auf keinen Fall die notwendige Geldmenge auftreiben zu können. Ihm jedenfalls schien die Rückzahlung des Kredites eine Sache zu sein, die wie alle anderen Sannerzer Probleme aus dem Leben im Glauben geregelt werden müsse. So stand der Glaube, der Unmögliches möglich macht, gegen den gesunden Menschenverstand der überwiegenden Mehrheit der Gemeinschaftler, die hier nicht mehr mitmachen konnten.

Zusammen mit Kees Boekes Kreis und seiner Familie

marschierte Arnold Friedenslieder singend am 1. August 1922 auf einem großen Friedensmarsch in Amsterdam mit. Am 2. August war der Kredit fällig. Am Abend sollte sie der Expreß-Zug zurück nach Deutschland bringen, um noch rechtzeitig zum Rückzahlungstermin in Frankfurt einzutreffen. Kurz vor der Abfahrt überreichte eine Dame Arnold einen Umschlag mit holländischen Gulden, ein Geschenk für die Gemeinschaft. Als er die Gulden am nächsten Morgen auf der Frankfurter Bank tauschte, ergab sich — begünstigt durch den stabilen Gulden und den galoppierenden Wertverfall der Reichsmark — exakt die benötigte Rückzahlungssumme. Die Schuld konnte auf Heller und Pfennig beglichen werden. Als Arnold die freudige Überraschung sofort nach Schlüchtern telegraphierte, kam die Antwort:

„Zu spät! Der Neuwerk-Verlag ist bereits liquidiert."

Die „Geld-Fraktion" des Bruderhofes hatte bereits aufgegeben.

Glaube gegen Geld, Glaube gegen gesunden Menschenverstand — ich glaube fast, daß auch ich damals in der Geld-Fraktion gewesen wäre.

Als die Arnolds heimkamen, empfing sie eine eisige Atmosphäre. Sofort wurde zu einer Krisensitzung gerufen, die bis spät in die Nacht dauerte. Die Versammlung endete mit Spaltung. Vierzig Mitglieder des Hofes wollten Sannerz verlassen und die Reste und Büchervorräte des Neuwerk-Verlages mitnehmen. Sieben blieben — unter ihnen Eberhard und Emmy sowie Emmys Schwester, Else von Hollander. Zum Glück blieb den sieben das Haus in Sannerz, da die Arnolds den Vertrag dafür unterschrieben hatten. Sieben Leute — gerade noch genug, um den Verein fortzuführen. Wäre noch einer gegangen, hätte alles aufgelöst werden müssen.

Es dauerte Wochen, bis die vierzig der „Gesunden-Menschenverstands-Fraktion" das Haus in Sannerz verlassen konnten. Eine bedrückende Atmosphäre der Nichtgemeinschaft herrschte im Gemeinschaftshaus. Endlich fanden die vierzig Unterschlupf in einer anderen Gemeinschaft, dem Habertshof in Schlüchtern.

Wieder standen die Arnolds und die wenigen Getreuen vor dem Nichts. Aber mit viel Glaubenszuversicht und Hoffnung begann der Neuanfang. Neue Gäste kamen, die von dem „sensationellen" Zerwürfnis der Gemeinschaft gehört hatten und sich genauer informieren wollten. Wieder begann der Bruderhof zu wachsen.

Diese Jahre des Neuaufbaus waren gekennzeichnet von Spontaneität, Freude, großem Enthusiasmus und einer immer fester werdenden Gemeinschaft. Familien schlossen sich an und Waisenkinder wurden aufgenommen. Schon 1926 mußte man aus Platzgründen intensiv nach einem neuen Hof suchen und wurde auch bald fündig: Der „Sparhof", ein aus sieben Einzelanwesen bestehendes Bauerngehöft in einer sehr kargen und einsamen Gegend der Rhön. Elf Jahre lang sollte dieser Hof Heimat für die Bruderhöfer werden. Im November 1926 zog eine erste Gruppe ein, baute aus und um, und 1927 konnte der Rest der Gemeinschaft und der Eberhard-Arnold-Verlag nachziehen.

War bis jetzt die Theologie und das geistliche Leben Arnolds und der Gemeinschaft stark von religiösen Sozialisten wie dem Schweizer Hermann Kutter und vor allem von den württembergischen Pietisten Vater und Sohn Blumhardt bestimmt, so kam im Jahr 1928 zum ersten Mal die für die Bruderhöfe entscheidende Begegnung mit dem Huttertum dazu. Eberhard Arnold selber beschrieb später seine theologische Wandlung als eine von „Luther zu Kutter zu Huter".

Die Gemeinschaft fing in diesem Jahr an, sich stärker in die Täufergeschichte des 16. Jahrhunderts zu vertiefen und war besonders ergriffen vom Martyrium der ersten Hutterer. In ihrem Leben und Wollen entdeckten sie denselben Geist, der auch sie bestimmte. Als sie dann hörten, daß noch heute in den USA und Kanada Hutterer in derselben Art und Weise leben, beschlossen sie, Kontakt aufzunehmen. Warum sollte man nicht versuchen, sich diesen Alt-Hutterern anzuschließen, zumal sowieso niemand Interesse daran hatte, eine eigene neue Spezialbewegung aufzubauen? Ein Brief mit der Bitte um Vereinigung wurde abgesandt.

Nicht ganz ohne Einfluß darauf mag die äußere Situation des Bruderhofes im Jahr 1928 gewesen sein. Zwar wuchs man weiter, hatte lebendige Gemeinschaft und genügend Arbeit, aber die finanzielle Situation war mehr als bedrückend. Kaum hatte man in der Rhön begonnen, drohte schon die Zwangsversteigerung. Regelmäßig kehrte der Gerichtsvollzieher ein und klebte seine Kuckucks ans spärliche Inventar. Wie schon oft wurden Brüder ausgesandt, um neue Gelder bei Freunden und Gönnern locker zu machen, um Wechsel zu verlängern und Kredite aufzutreiben. Einmal konnte die Zwangsversteigerung erst in letzter Minute verhindert werden.

Aber die Antwort der Hutterer in Übersee ließ auf sich warten. Nach langer Zeit kam ein erster kurzer Brief mit einigen Broschüren und nach und nach entwickelte sich ein Schriftwechsel. Schon bald zeigte sich, daß man theologisch hier an der richtigen Adresse war — lebten doch die

Hutterer schon vierhundert Jahre in urchristlicher Gütergemeinschaft und vollkommen pazifistisch zusammen, praktizierten die Großtaufe wie sie und hatten außerdem noch einen reichen Erfahrungsschatz darüber weiterzugeben, wie eine Gemeinschaft am besten organisiert und strukturiert sein muß. Immer klarer wurde, daß zur weiteren Festigung des Kontaktes bald eine Amerikareise fällig war.

Eberhard Arnold arbeitete sich mit umfangreichem Quellenstudium und der Herausgabe einer Täufergeschichte Württembergs so hervorragend in die hutterische Geschichte ein, daß seine Kenntnisse bei den hutterischen Brüdern großes Aufsehen und Bewunderung erregten, nachdem im Frühjahr 1930 die mehr als einjährige Reise in die USA begann. Für Arnold muß diese extrem schwierige Mission eine das Letzte an Kraft fordernde, aber auch tiefe und beglückende Erfahrung gewesen sein. Ein umfangreiches Tagebuch dieser Reise zeugt davon. Dabei wurde die Fahrt durch eine schwerwiegende Augenentzündung von Anfang an zusätzlich erschwert. Trotzdem schaffte es Arnold im Verlauf der nächsten zwölf Monate, alle 33 (!) hutterischen Bruderhöfe zu besuchen, mit den Ältesten zu sprechen und so nach und nach das Vertrauen der Brüder zu erwerben.

Dabei waren die Eindrücke, die er in den hutterischen Kolonien sammelte, durchaus unterschiedlich. Fast immer wurde ihm große Liebe und Anteilnahme entgegengebracht. Man quartierte ihn als besondere Ehre stets mit in das Eheschlafzimmer des jeweils ältesten verheirateten Paares ein. Einmal schlief er sogar zusammen mit einem Ältesten im Ehebett. Und natürlich wollten die hutterischen Brüder alles über die kleine neue Gemeinschaft in

Deutschland wissen, und er mußte oft stundenlang erzählen. Dabei ging man durchaus ins Detail. Arnold in einem Brief: „*‚Ist Deine Frau auch richtig schön dick?' wurde ich gefragt. Das wird hier als das einzige und alleinige weibliche Schönheitsideal angesehen. Wenn ich dann mal Dein Bild zeige, Emmy — obwohl ich dies eigentlich zu verhindern trachte —, rufen sie stets aus: ‚Oh, sieh doch, Emma ist schön!', und sie bewundern mich doppelt.*"

Aber es gab nicht nur herzliche Anteilnahme, sondern auch frostige Zurückhaltung. Manche Kolonien atmeten noch den ursprünglichen hutterischen Geist, andere wieder schienen erstarrt und weit entfernt vom eigentlich Hutterischen. Besonders störte Arnold die Aufteilung der Hutterer in drei Gruppen: Lehrer-, Schmiede- und Darius-Leut. Eine Aufteilung, die übrigens im wesentlichen noch heute besteht. Auch daß reiche Höfe neben armen, hochverschuldeten existierten, schien ihm nicht im urchristlichen Geist zu liegen. Vertraut mit den Quellen und Zeugnissen der hutterischen Vorväter sprach Arnold über diese Empfindungen offen und kritisch. Dadurch kam es zu fruchtbaren Gesprächen und wertvollen Impulsen für beide Seiten.

Schwer verständlich war Arnold auch der Gegensatz zwischen großer Aufgeschlossenheit für technischen Fortschritt und Maschineneinsatz auf der einen und strengem Festhalten an äußeren Formen auf der anderen Seite: Die hutterische Kleidung geht zurück auf alte Tiroler Trachten. Bilder und Musikinstrumente werden als „katholisch" gänzlich abgelehnt. Man kritisierte zwar, daß einige der Arnoldschen Bruderhöfer rauchten, hatte aber gegen Alkoholkonsum nichts einzuwenden.

Die daheimgebliebenen Bruderhöfer, durch Briefe ständig informiert, hörten manche der neuen Ordnungen und Regeln, die da auf sie zukamen, mit Schrecken. Sie wollten sich nicht Gesetzen fügen, die nicht durch ihre eigene Geschichte entstanden waren, und die für sie keine Bedeutung hatten. Heiße Diskussionen entbrannten. Schließlich aber gaben Arnolds theologische Auffassung, zu dieser Bewegung aus der Reformationszeit zu gehören, die finanzielle Not und das Gefühl einer gewissen Isolation unter den Christen in Deutschland den Ausschlag.

Im Dezember 1930 erfolgte die Vereinigung mit allen drei Gruppen der Hutterer. Eberhard Arnold wurde unter Handauflegung mit allen Rechten und Pflichten als „Diener am Wort" und Ältester für Deutschland eingesetzt — ein in der Geschichte beispielloser Vorgang.

Die weitgespannten Hoffnungen auf eine brüderliche finanzielle Unterstützung aber erfüllten sich nicht. Trotz abermaliger fünfmonatiger Rundreise und intensiver Nachfrage (E. A. in einem Brief von Dezember 1930: *„Es gibt nur einen Weg, um diese Bombenfestungen zu bewegen, das ist die anhaltende Belagerung . . ."*) stieg Arnold nur mit einer geringen Summe aus dem Hapag-Schiff „Berlin", als er im Mai 1931 endlich in Bremerhaven ankam.

Trotzdem war der Anschluß an die Hutterer eine Bereicherung. Und das nicht nur für die Gemeinschaft in der Rhön. Die Althutterer berichteten von einer Erweckung durch Arnolds mahnende Predigten und durch sein „Feuer der ersten Liebe". Arnold selbst sagte in einer mitstenografierten Rede kurz nach seiner Rückkehr am 15. Mai 1931 zur Vereinigung mit den Hutterern: *„Ich bin der Meinung, daß unsere Wendung zum Huttertum darin besteht, daß wir ur-hutterisch werden. Wir wollen nicht hutterisch* *werden im Sinne von 1930, sondern wir wollen hutterisch werden im Sinne von 1529–1589, im Sinne dieser ersten 60 Jahre. Damit sind die Hutterer einverstanden. Ur-Sannerztum, Ur-Christentum, Ur-Huttertum, Ur-Menschentum . . .“*

Aber die Unterordnung unter die hutterischen Regeln fiel den durch und durch jugendbewegten Bruderhöfern nicht leicht: Die hutterische Tracht ließ sich ja noch relativ leicht mit der jugendbewegten und ganz ähnlichen Tracht kombinieren, aber der Verzicht auf ihre schönen, schlichten Bilder, auf Musikinstrumente, Flöten und Klampfen, wollte da schon weit schwerer gelingen.

Waren die Jahre bis 1933 lediglich durch innere Spannungen und die große materielle Not gefährdet, so begann mit der Machtergreifung Hitlers am 30. Januar 1933 die eigentliche Bedrohung von außen — und damit die Leidensgeschichte des Bruderhofs. Diese Geschichte der Verfolgung, der Vertreibung und des Exils würde leicht ein eigenes, äußerst spannendes Buch füllen.

Sehr schnell war man sich auf dem Sparhof der Gefahr bewußt, die von der nationalsozialistischen Bewegung für die als urchristliche Kommunisten verschriene Gemeinschaft in der Rhön ausging. Eberhard Arnold versuchte in einem engen Kontakt zu den Behörden in Fulda und Kassel immer wieder, die Position der Bruderhöfer zu erklären: *„Wir können uns der Gleichschaltung nicht anschließen, Jüngerschaft Christi und Nationalsozialismus können nicht zusammengehen. Wir können nicht mit ‚Heil Hitler' grüßen, weil Heil allein von Gott kommt.“*

Trotz der bedrohlichen Situation werden Ostern 1933 einundzwanzig neue Mitglieder getauft. Die Gemeinschaft will weitermachen, weiter Zeugnis sein. Immer wieder geht

Eberhard Arnold auf die Möglichkeit einer kommenden Verfolgung ein und versucht, die Gemeinschaft vorzubereiten. Aus Angst verläßt deswegen im Sommer 1933 eine größere Schar Novizen den Bruderhof. Auf dem Rückweg von einem seiner Kontaktbesuche beim Gauleiter der NSDAP bricht sich Eberhard Arnold ein Bein. Der komplizierte Bruch wird mehrere Wochen im Krankenhaus behandelt, sollte aber nie mehr richtig heilen.

Der November 1933 brachte eine Volksbefragung, durch die die Politik Hitlers öffentlich bestätigt werden sollte. Den Bruderhöfern wurde von seiten der Behörden deutlich klargemacht, daß man ihre Zustimmung und ihr Erscheinen bei dieser Wahl erwarte. Da man sich einig über die Ablehnung Hitlers war, allerdings nicht einfach nur mit einem „Nein“ antworten wollte, bereitete Arnold eine Erklärung vor, die jeder auf gummiertes Papier abschrieb und am Wahltag in Veitsteinbach auf den Wahlzettel klebte. In der Erklärung wurde deutlich gemacht, daß man zwar der Obrigkeit gehorchen wolle, die Handlungen Hitlers aber nicht unterstützen könne. Zum Erstaunen der Bruderhöfer erschien in der Tageszeitung am nächsten Tag das Wahlergebnis von Veitsteinbach als „100% Ja-Stimmen“.

Schon am 16. November aber erfolgte die Reaktion auf den mutigen Widerstand der Bruderhöfer: Im ersten Morgenlicht wurde der Sparhof von etwa 160 bewaffneten SS-, SA- und Gestapo-Leuten umstellt und gründlich durchsucht. Die offizielle Anklage lautete auf „Verdacht der Bildung einer kommunistischen Vereinigung“. Eberhard Arnold wurde von falschen Zeugen beschuldigt, zur gewaltsamen Revolte aufgerufen zu haben. Nur die Tatsache, daß er mit seinem frischoperierten Bein im Bett lag, rettete ihn an diesem Tag vor dem KZ. Nachdem der Hof gründlich durchsucht, und natürlich keine Waffen gefunden wurden, verließen die Nazis den Hof mit Stapeln von Papieren und Büchern.

„Besonders Bücher mit rotem Einband“, wie die Bruderhöfer rückblickend schmunzelnd erzählen, „weil die ja beweisen wollten, daß wir Kommunisten sind.“

Wenige Tage später stand der Schulrat des Kreises Fulda vor der Tür der kleinen Bruderhofschule, um zu prüfen, ob die Bruderhofkinder „national gesinnt“ seien, mit „Heil Hitler“ grüßten und zum Beispiel das Horst-Wessel-Lied kannten. Natürlich mußte die Prüfung schlecht ausfallen, und die Schule wurde geschlossen. Nach Weihnachten sollte ein Nazilehrer den Unterricht leiten. Die Bruderhöfer handelten schnell. Als Anfang Januar der neue Nazilehrer erschien, waren alle Kinder weg. Sie hatten bei Freunden in der Schweiz Zuflucht gefunden.

Von diesem Zeitpunkt an verschlimmerte sich der Druck der nationalsozialistischen Behörden auf die Gemeinschaft. Dem Bruderhof wurde verboten, Gäste über Nacht aufzunehmen. Damit war der Besucherverkehr stark eingeschränkt, und nur durch Tricks gelang es immer wieder, einzelne Gäste zu beherbergen.

Als nächste Maßnahme kam ein Verkaufsverbot für die selbstproduzierten Bücher und Holzwaren, die einzige Einnahmequelle des Hofes. Sehr plötzlich wurde eine Hypothek auf den Hof gekündigt und sollte zurückbezahlt werden. Die Nazis machten ernst. Das Leben in der Rhön wurde immer schwerer für die 120 Menschen der Gemeinschaft. Oft war buchstäblich kein Geld im Haus und das Essen mehr als kümmerlich. Sehr schnell wurde klar, daß man an ein Ausweichquartier denken mußte — vor allem auch wegen der jungen Leute, die vom Einzug zum Militärdienst bedroht waren.

Im März 1934 fand sich eine Möglichkeit in Liechtenstein: Ein leerstehendes Sommerhotel, 1500 Meter hoch auf einer Alm gelegen, war zu vermieten. Der Almbruderhof Silum begann. Schon im März 1935 war es dann soweit: Die ersten 17 jungen Männer mußten den Rhönbruderhof bei Nacht und Nebel verlassen und machten sich getrennt mit unterschiedlichen Verkehrsmitteln auf den Weg nach Liechtenstein.

Im Frühjahr kam Hermann Arnold, Eberhards Neffe und unser heutiger Freund und Betreuer, zum Bruderhof hinzu. Seine Umkehr zu Christus und die Haltung der Nazis zu den Juden hatten ihn überzeugt, daß sein Platz nicht in der SA sein könne, in die er in jugendlicher Begeisterung eingetreten war. Also schickte er seine Uniform zurück (eine Aktion, die ihn leicht ins KZ hätte bringen können) und schloß sich der Gruppe junger Männer auf dem Almbruderhof an.

Aber auch in Liechtenstein war die Lage nicht einfach. Die Nationalsozialistische Partei Liechtensteins machte Stimmung gegen die Bruderhöfer und sammelte Material und Unterschriften, um die Liechtensteiner Regierung zu zwingen, die Gemeinschaft auszuweisen. Sofort reiste Eberhard Arnold zum Almbruderhof, sprach mit der Regierung und bekam die Empfehlung, selber zu den Menschen zu sprechen, da man eventuell nicht in der Lage sei, den Bruderhof zu schützen.

Eine Versammlung wurde angesetzt, und Eberhard Arnold sprach vor dem Portal einer Kirche zur Menge. Nazis begannen zu pfeifen und mit Steinen zu werfen. Eberhard Arnold rief:

„Wenn ihr euch dem widersetzen wollt, daß ich hier Gott bezeuge, dann kommt her zu mir und sagt es mir direkt ins Gesicht!“ Die Unruhen hörten auf, und die Atmosphäre in Liechtenstein besserte sich.

Eberhard und Emmy Arnold hatten in den Jahren 1934/1935 nicht nur in äußerer Bedrängnis einzugreifen. Auch im inneren Leben der beiden nun getrennten Bruderhöfe zeigten sich Schwierigkeiten. Immer wieder reisten die beiden zwischen Rhön und Alm hin und her, um in den ständig neu aufbrechenden Konflikten im Almbruderhof zu raten und zurechtzuhelfen. Trotz dieser Bemühungen bekam ein stark moralisch-gesetzlicher Geist und das Bemühen einiger leitender Brüder, Macht übereinander zu gewinnen, immer mehr die Oberhand.

Kaum schien nach langen Kämpfen diese Krise in der Alm endgültig gebannt, brach ein ähnlicher Konflikt in der Rhön los. Cliquenwirtschaft und Geschwätz, Engherzigkeit auf der einen und Toleranz gegenüber dem Bösen auf der anderen Seite hatten eingesetzt. Als schließlich der Rhönbruderhof als lebendiger Gemeinschafts-Organismus immer mehr versagte und kaum noch Leben hatte, stellte man sich in einem letzten verzweifelten Schritt unter die Gemeindezucht und geistliche Führung des Almbruderhofs, der daraufhin einige ältere, erfahrene Geschwister in die Rhön zurücksandte. Man hoffte, daß dadurch eine neue Liebe zu Gott und den Geschwistern, Buße und Umkehr einsetzen würden.

Am 22. November 1935, mitten in die innerlich zerstrittene Situation hinein, traf dann der bisher schwerste Schlag die junge hutterische Gemeinschaft. Eberhard Arnold, ihr Gründer und Ältester, starb — völlig unerwartet.

Eine Nachoperation an seinem immer noch nicht ausgeheilten Bein war nötig geworden. Dabei aber gab es Komplikationen, und das Bein mußte in einer Notoperation amputiert werden. Aber auch diese Aktion kam zu spät: Die tragende Mitte, die charismatische Führerpersönlichkeit der Gemeinschaft, der visionäre Theologe, hatte sie verlassen. Niemand mehr, der sie mit großem Durchblick immer wieder zum biblischen Zeugnis zurückführte, niemand mehr, der mit einem klaren Wort schwierige Situationen bereinigte. Agonie befiel die Gemeinschaft. Wie sollte es weitergehen? Wer würde sie in dieser in jeder Beziehung bedrängenden Situation führen und zusammenhalten?

Die Zugehörigkeit zu den Hutterern mit ihren festen Gemeinschaftsstrukturen aber trug jetzt ihre Früchte. Eberhard Arnold hatte — wohl ohne konkrete Vorahnung — dafür gesorgt, daß die Gemeinschaft seinen Tod überleben sollte. Auch wenn sich in den kommenden Jahren gerade an den hutterischen Regeln und ihrer Einhaltung viel Streit unter den Wortführern entzündete, hielt die Zugehörigkeit zu einer größeren Gemeinschaft die Gruppe dennoch zusammen. Nicht zu unterschätzen ist dabei allerdings auch die psychologisch zusammenbindende Situation äußerer Bedrängnis, die schnelles Handeln forderte. Beides zusammen mag mitgeholfen haben, daß die Gemeinschaft die nächsten Jahre überstand.

Krise auf Krise folgte. Manche verdeckt und durch die Herausforderung der äußeren Bedrängnis kaum bemerkt, andere ganz offen und schmerzlich. Eberhard Arnolds Tod hatte die Gemeinschaft tiefer verwundet als sie es merkte. Man könnte sagen, daß sich die Bruderhöfe von seinem Tod eigentlich erst in jüngster Vergangenheit richtig erholt haben. Die Schockwellen dieses Ereignisses waren für die

Gemeinschaft bis in die siebziger Jahre zu spüren. Die planmäßige Umsiedlung in den Almbruderhof ging zwar weiter, aber das wegweisende Zeugnis Eberhard Arnolds verblaßte immer mehr oder wurde durch andere Schwerpunkte und Einstellungen überlagert.

Im Frühjahr 1936 wurde die Situation auch in Liechtenstein zu gefährlich. Hitler zwang die Liechtensteiner Regierung, alle wehrfähigen deutschen Männer auszuweisen, und das kleine Land hatte keine Möglichkeit, die Bruderhöfer weiter zu schützen.

Arnold und Gladys Mason, ein junges Paar, das durch Vortragsreisen von Eberhard Arnolds Sohn Hardy in England zum Bruderhof gestoßen war, wurde nach England gesandt, um dort nach einem geeigneten Platz für einen neuen Bruderhof zu suchen.

Mittlerweile verließen die jungen Männer den Almbruderhof, um auf gefährlichen Um- und Nebenwegen irgendwie England zu erreichen. Einige schafften es, sich via Italien und Frankreich nach England durchzuschlagen. Abenteuerliche Reisen waren das, oft ohne Geld, ohne Visa und nötige Papiere. Grenzen wurden bei Nacht gequert, und einem wurde, beinahe schon in Sicherheit, bei der Paßkontrolle die Einreise verweigert. Nach und nach aber gelang es zumindest den jungen Männern, sicher nach England zu kommen. Im März 1936 konnte ein neuer Bruderhof gegründet werden: der Cotswoldbruderhof nahe Ashton Keynes in Wiltshire.

Während Adolf Hitler sich im Sommer 1936 bei der Olympiade in Berlin feiern läßt, geht der Kampf auf den Bruderhöfen weiter. Kaum Geld, kaum etwas zu essen, angewiesen auf die Unterstützung treuer Freunde, reisen Emmy Arnold und ein Bruder zur Mennonitischen Weltkonferenz nach Amsterdam. Sie lernen wichtige Freunde kennen, die ihnen später in vielem helfen werden, sind aber auch entsetzt darüber, wie sehr sich die deutschen Mennoniten dem Zeitgeist angepaßt haben und die eigentliche wiedertäuferische Haltung zu Krieg und Staat verleugnen.

Am 14. April 1937 kam dann das endgültige Ende in Deutschland: Die letzten in der Rhön verbliebenen Bruderhöfer erhielten den Befehl, Deutschland auf Grund der berüchtigten „Verordnung zum Schutze von Volk und Staat gegen kommunistische Gewaltakte . . ." innerhalb eines Tages als „unerwünschte Person" zu verlassen. Der Hof wurde beschlagnahmt. Glücklicherweise waren gerade zwei hutterische Brüder aus den USA zu Besuch in der Rhön, die als Ausländer von den Nazis nicht angetastet werden konnten und durch ihre Anwesenheit wahrscheinlich manche Härten verhinderten. Trotzdem wurden drei Gemeinschaftler von der Gestapo wegen des „Grimms der Bevölkerung" in „Schutzhaft" genommen und später unter dem Vorwurf der „kriminellen Bilanzverschleierung" angeklagt. Der Rest der Gemeinschaft verließ in einem traurigen Zug am übernächsten Morgen den nun leeren Hof. Mitnehmen konnten sie nur, was sie tragen konnten. Sechs Erwachsene und ein Kind schlugen sich zum Almbruderhof durch, 18 Erwachsene und 13 Kinder wurden unter Polizeibewachung zur holländischen Grenze gebracht und auf der anderen Seite von Mennoniten liebevoll aufgenommen.

Durch einen freundlichen Richter, der bewußt die Abwesenheit des Gestapo-Leiters in Fulda nutzte, kommen die drei verhafteten Bruderhöfer nach drei Monaten frei. Beweise für den Verdacht gegen sie ließen sich nicht finden. Das Verfahren mußte später eingestellt werden. Auf abenteuerlichen Wegen gelangen die drei in die Nähe der holländischen Grenze und schlagen sich dann mit Landkarte und Kompaß bewaffnet durch den nächtlichen Reichswald nach Holland, verirren sich, geraten wieder auf deutsches Gebiet, werden bei einem zweiten Versuch von Grenzern erwischt und wunderbarerweise laufen gelassen. Sogar den Weg nach Holland zeigen ihnen die Beamten noch. Wenig später treffen sie sicher auf dem englischen Bruderhof ein.

Am 13. März 1938 erfolgt der „Anschluß" Österreichs an Deutschland, und die letzten Gemeinschaftler des Almbruderhofs müssen Liechtenstein verlassen.

Aber die Gruppe wächst. Immer mehr Kontakte zu jungen Engländern ergeben sich, immer mehr Engländer schließen sich der Gemeinschaft an. Bald ist der Cotswoldbruderhof zu klein, bietet zuwenig Platz und zuwenig Arbeitsmöglichkeiten. Ein zweiter Platz wird gesucht — und auch bald gefunden: „Oaksey Manor", ein altes Herrenhaus und die dazugehörige Farm, fünf Meilen weg vom Cotswoldbruderhof. Der geplante Verkauf führt zu einer mißtrauischen Anfrage im Parlament, „*. . . ob sich die englische Regierung bewußt sei, daß der Oakseybesitz an den Bruderhof verkauft werden solle, der beabsichtige, darauf 300 deutsche Familien anzusiedeln? Außerdem sei dieser Besitz von fünf Flugplätzen umgeben, von denen einige strategische Bedeutung hätten . . .*"

Das Home Office aber sieht keinen Grund, nicht zu verkaufen. Trotzdem geht der Widerstand gegen den Verkauf an „die Deutschen" in der Bevölkerung weiter. Petitionen werden unterzeichnet, und der Bruderhof sieht sich genötigt, öffentliche Versammlungen abzuhalten, die die Lage vorerst beruhigen. Am 26. März 1939 wird der Oaksey-Bruderhof gegründet, später noch die Tellings-Farm dazugekauft: Die wachsende Gemeinschaft braucht Platz und Verdienstmöglichkeiten.

Mittlerweile hat Deutschland am 1. September 1939 mit seinem Überfall auf Polen den Zweiten Weltkrieg eröffnet. England erklärt daraufhin am 3. September 1939 als Reaktion den Krieg gegen Deutschland. Die Lage der Bruderhöfe wird dadurch immer komplizierter. Im Mai 1940 beginnt der deutsche Feldzug gegen Holland, Belgien und Frankreich, die englische Armee wird bei Dünkirchen eingekesselt und kann nur mühsam entkommen.

Schlagartig wächst die Invasionsfurcht in England . . . und das Mißtrauen gegen die „deutschen" Bruderhöfe. Der Verkauf von Brot, Milch und Eiern, der einen großen Teil des Bruderhofeinkommens deckt, wird durch Boykott verhindert und muß eingestellt werden. Die deutschen Mitglieder erhalten für die Zeit nach acht Uhr abends Ausgehverbot und werden von der Bevölkerung bedroht. Wilde Gerüchte laufen um: Man will Bruderhöfer gesehen haben, die bei Nacht mit Taschenlampen Lichtsignale in den Himmel geschickt hätten. Die Felder um die Bruderhöfe werden gegen Luftlandeaktionen der Deutschen mit großen Betonblöcken belegt. Eine junge Engländerin muß acht Tage nach ihrer Hochzeit mit einem deutschen Bruderhöfer für sechs Wochen in ein Internierungslager auf der Isle of Man, weil sie durch die Heirat automatisch zum „feindlichen Ausländer" wird.

Die Situation wird noch schlimmer, als der Bombenkrieg gegen England beginnt. Im Sommer 1940 beschließt die Gemeinschaft daraufhin, das britische Home Office um die Genehmigung zu bitten, England als geschlossene

Gruppe verlassen zu dürfen — der letzte Weg, um zusammenbleiben zu können, denn die deutschen Mitglieder sind in akuter Gefahr, in Internierungslager gesperrt zu werden. Das Home Office ist sehr freundlich und kooperativ und erlaubt die Ausreise, vermittelt sogar Schiffsraum und Passageplätze.

Eine fieberhafte Suche nach Ländern beginnt, die bereit sind, die Gemeinschaft aufzunehmen. Alle Versuche schlagen fehl, auch die USA und Kanada — obwohl sich dort die hutterischen Brüder dafür einsetzen — sind nicht bereit, die Emigranten zu empfangen. Als letzte Möglichkeit bleibt schließlich Paraguay, das einzige Land, das die Bruderhöfer einlassen will. Die Frauen fangen an, Moskitonetze zu nähen, und versuchen, sich auf das subtropische Land in Südamerika einzustellen und Informationen zu sammeln. Es gibt nur wenig Material, und die Vorstellungen über das fremde Land bleiben vage. Das aber, was sie im fernen Paraguay erwartet, hätten sich die Bruderhöfer auch in ihren übelsten Angstvisionen kaum vorstellen können.

Als im Dezember 1940 die erste Gruppe mit einem Dampfer der Blue-Star-Line Liverpool verläßt, reist man erster Klasse, andere Plätze sind nicht verfügbar. Die Gemeinschaft muß zahlen und kann sich an Bord der „Andalusia Star“ samt eigenem Steward und fürstlichem Essen für einige Wochen im Luxus sonnen. Eine trügerische und sehr zerbrechliche Ruhe vor dem „Sturm“, der sie in der heißen Steppe des paraguayischen Chaco erwartet. Trügerisch, weil das Schiff jeden Moment von einem deutschen Torpedo getroffen werden kann — man reist ja auf dem Höhepunkt der U-Boot-Blockade Englands. Unter ständiger Angst und mit weiten Zick-Zack-Schlägen jenseits der befahrenen Schiffahrtsrouten erreichen Schiff und Passagiere am 21. Dezember Buenos Aires.

Asuncion, die Hauptstadt Paraguays, ihr nächster Zwischenhalt auf dem Weg zum noch nicht existierenden Bruderhof, wird am ersten Weihnachtstag erreicht — an Bord eines stinkenden, dreckigen Flußdampfers.

Drei Tage hat das alte Schiff mit den achtzig Bruderhöfern samt Koffern, Maschinen, Handwerkszeug und Kind und Kegel gebraucht, um den Parana-Fluß hinaufzudampfen. Weitere drei Tage wartet man in Asuncions glühender Sommerhitze auf den Anschlußdampfer, der sie nach Puerto Casado bringen soll. Von dort aus geht es mit der Eisenbahn weiter bis zum Ort „Kilometer 145", wo sie befreundete Mennoniten mit Pferdewagen erwarten und weitere 100 Kilometer zur Kolonie Fernheim bringen, wo sie die nächsten drei Monate im Wartestand verbringen.

Unterdes schwärmen die Brüder aus, um endgültig einen geeigneten Platz festzulegen. Endlich finden sie ein Anwesen, die „Estancia Primavera", ein über 80 Quadratkilometer großes Anwesen in der Wildnis, 40 Meilen vom Fluß entfernt, der nächsten Verkehrsverbindung. Man wird sich einig, und wieder beginnt die Fahrt mit Lastautos, Flußdampfer und Ochsenwagen. In Primavera gibt es bis dahin nur ein Haus und keine hygienischen Einrichtungen. Also zieht ein Männertrupp voraus und beginnt damit, primitive Häuser mit Palmblattdächern und ohne Wände zu bauen. Bald kommen Frauen und Kinder nach. Alles leidet entsetzlich unter den Moskitos, Hitze, Ungeziefer und den unglaublich primitiven Verhältnissen.

Als nächstes wird eine Sägemühle gebaut. Schon bald kommt eine neue Gruppe aus England herüber. Brunnen müssen gegraben werden, eine Dampfmaschine wird aufgestellt. Fast alle Gemeinschaftler leiden unter schweren Infektionen. Besonders die Kinder sind hart betroffen. Im Laufe des Jahres 1941 siedelt dann auch der Rest aus England um. Nur drei Mitglieder bleiben noch drüben, um den Verkauf der Höfe abzuwickeln.

Mehr als 350 Menschen waren mit über zehn verschiedenen Schiffen heil nach Paraguay gekommen. Es hatte Stürme gegeben, unterwegs war ein Kind geboren worden, aber nichts Ernstes war passiert. Erst auf dem Rückweg oder bei späteren Fahrten wurden ausnahmslos alle Schiffe, die die Gemeinschaft nach Südamerika gebracht hatten, torpediert und sanken . . .

Die letzten herüberkommenden Gruppen fanden die Geschwister in Primavera in schweren Nöten vor. Noch immer lebten alle in den primitiven Häusern, schutzlos der Nachtkälte, Regen und Wetter ausgesetzt. Es gab kaum etwas zu essen. Die Entzündungen wollten nicht zurückgehen, und allein in den ersten drei Jahren starben 12 Kinder. Zudem waren schon bald nach der Ankunft der ersten Gruppe in Paraguay wieder einmal Richtungs- und Führungskämpfe ausgebrochen. Die drei Söhne Eberhard Arnolds, mittlerweile alt genug, wollten die Gemeinschaft im Sinne ihres Vaters weiterführen, wurden aber abgewiesen und zeitweise von der Gemeinschaft ausgestoßen. Zur äußeren Not kam wieder einmal die innere Not hinzu. Nur langsam vermochte sich das Leben der „Sociedad Fraternal Hutteriana“, wie man sich jetzt nannte, zu festigen.

Ganz anders erging es den drei in England gebliebenen Gemeinschaftlern. Schon bald schlossen sich ungerufen neue Freunde — meistens Pazifisten — dem eigentlich gar nicht mehr existierenden Bruderhof an. Weihnachten 1941 waren es schon 19, und im Februar 1942 wurde in

Paraguay entschieden, einen neuen Bruderhof in England aufzubauen, da die neuen Mitglieder dort keine Ausreisegenehmigung mehr bekamen. Im März 1942 begann die Arbeit auf dem neuen Wheathill-Bruderhof. Bald wurde klar, daß die neue kleine Gemeinschaft Hilfe brauchte. Alle Gemeinschaftler mit Erfahrungen in der Landwirtschaft waren in Paraguay — also entschied man, drei Ehepaare aus Paraguay wieder zurückzuschicken. Bis 1952 sollte der Wheathill-Bruderhof auf über 200 Mitglieder anwachsen.

Die Hauptgemeinschaft in Paraguay baute auf ihrem riesigen Grundstück schon 1942 einen zweiten Bruderhof auf. Die Estancia in Primavera beherbergte jetzt den Isla-Margarita-Hof und den Loma-Jhoby-Hof. Außerdem wurde ein Haus in Asuncion gemietet, um die Bruderhofprodukte zu verkaufen und einen Standort für die jungen Leute zu haben, die zur Ausbildung in die Hauptstadt mußten. 1946 folgte ein neuer Hof in Ibate, eigentlich geplant als Heim für 130 Waisenkinder aus dem kriegszerstörten Deutschland. Mehrere Fahrten in die alte Heimat wurden unternommen, aber die Pläne erfüllten sich nicht. Statt dessen kamen 1948 110 Heimatvertriebene aus deutschen Lagern, die aber nach und nach alle Ibate verließen. Nur einer von ihnen schloß sich der Gruppe an.

Bis 1950 wuchs die Zahl der Bruderhöfer durch Geburten und Zuzug auf über 600. Die Gemeinschaft hatte sich scheinbar stabilisiert und zur Einheit zurückgefunden. Auch die Leitungsfrage war geklärt. Schwach war aber nach wie vor die wirtschaftliche Basis. Es reichte gerade zum Nötigsten, die Gemeinschaftler lebten in wirklicher Armut. Durch Vortrags- und Spendenreisen in die USA mußte — besonders für den neueingerichteten Krankenhausbetrieb — wieder einmal Geld dazuverdient werden. Besonders zu Quäkern hatte man dabei Kontakt. 1948 besuchten daraufhin zum ersten Mal Interessierte aus den USA die Gemeinschaft, wichtige neue Beziehungen entstanden.

Im Oktober 1950 ereignete sich dann ein folgenschwerer Besuch: Zwei Diener am Wort der hutterischen Kolonien in Kanada besuchten Primavera. Schon durch die verstärkten Kontakte zur USA war klar geworden, daß sich „Alt"- und „Neu"-Hutterer auseinanderentwickelt hatten. Die kanadischen Brüder wurden zwar freundlich willkommen geheißen, waren aber entsetzt über das, was sie sahen. Besonders die äußeren Formen gaben Anlaß zur Auseinandersetzung. Der jugendbewegte Hintergrund der Bruderhöfer war wieder stärker zum Durchbruch gekommen und viele hutterische Regeln allein deswegen außer kraft gesetzt worden, um „attraktiver" für neue Mitglieder zu werden. Musik, Volkstanz und besonders das Rauchen stießen die hutterischen Brüder ab. Die fällige Ermahnung durch die beiden Diener am Wort wurde überheblich zurückgewiesen, und nach der Rückkehr der beiden nach Kanada und einer nochmaligen erfolglosen Ermahnung und Aufforderung zur Umkehr ging die zwanzigjährige Vereinigung mit den Hutterischen Brüdern ihrem Ende entgegen. Die Beziehung zu ihnen kühlte stark ab.

Das, was unter Eberhard Arnold als gemeinschaftserhaltendes, korrigierendes Element eingebaut war, wurde nun wieder ausgeschaltet. Neue Fehlentwicklungen nahmen ihren Anfang, und auch in England auf dem Wheathill-Bruderhof war längst der Keim neuer Probleme gewachsen. Der Glaube an menschliche Vernunft und eigene Kraft schien wieder einmal stärker zu werden als die geistliche Einheit der Gemeinschaft und das Vertrauen auf Gottes Kraft und Führung. 1957 dann, auf dem Gipfel der äußeren Macht — mit 1400 Menschen aus 20 Nationen auf 10 Höfen in mittlerweile fünf Ländern — sollte der tiefe Fall der Bruderhöfe nur kurz bevorstehen.

8 Durch Abnehmen wachsen

Manchmal liegen Höhepunkt und Krise, Begeisterung und Niedergeschlagenheit sehr dicht beieinander auf den Bruderhöfen. So geht es oft auch den Besuchern hier. Zumindest uns ging es so. Der erste Eindruck dieser Gemeinschaft, das Bunte, Fremdartige, völlig Überraschende, erschlägt erst einmal. Man gerät in eine gewisse Euphorie. Daß es so etwas gibt! Wer hätte das gedacht . . .

Irgendwann nach ein paar Tagen gewinnt man Abstand zu den ersten Eindrücken und fängt an, auch anderes zu sehen. Man merkt, daß hier keine Heiligen von Haus zu Haus schweben, sondern daß dies hier Menschen wie du und ich sind: sympathische und nicht so sympathische, verschlossene und eher offene, intellektuelle und praktisch gesinnte. Kurz — ganz normale Menschen. Und ganz normale Menschen haben auch ganz normale Fehler, Schwächen und Probleme. Wenn man das gemerkt hat, legt sich die Euphorie meist schon etwas.

Später merkt man dann vielleicht, daß der Bruderhof zwar aussieht wie ein kleines Paradies und so wirkt wie ein Feriencamp, daß aber weder alles paradiesisch ist, noch ständig Ferien herrschen. Im Gegenteil, hier wird hart gearbeitet. Und das nicht nur an der Werkbank oder in den Büros, sondern auch an sich selber und an der Gemeinschaft. Und das ist oft die schmerzlichste, ernüchterndste Arbeit.

Noch einen Tag später hat man dann vielleicht schon einige Sachen mitbekommen, die nicht anziehend fremd, sondern eher abstoßend fremd und anstrengend aussehen. Möglicherweise findet man dann auch zu der einfachen Wahrheit zurück, daß alles seinen Preis hat — auch das Leben auf einem Bruderhof. Denn das Leben hier ist ganz offensichtlich keine billige Zugabe und fällt niemandem einfach in den Schoß.

Spätestens dann fragt man sich, ob man selbst wohl so leben könnte . . . oder überhaupt so leben will? Und auf einmal beginnt man auch allerhand Kritisches zu sehen. Dinge, die gar nicht mehr nur bunt, jugendbewegt und glücklich aussehen. Vielleicht hat man auch gerade schlecht geschlafen oder ein enttäuschendes oder anstrengendes Gespräch gehabt . . . und auf einmal wird aus anfänglicher Euphorie Abneigung, Kritik, Distanz:

Nein, so kann ich nicht leben! Ich könnte das nicht! Ich fühle mich beengt, ich halte das hier nicht mehr aus!

Ich bin ziemlich sicher, daß dies nicht nur Gästen so geht, sondern manchmal auch Bruderhofleuten. Man ist nicht immer voller Euphorie und Optimismus. Gefühle schwanken, Einstellungen schwanken, ich selbst schwanke. Will ich wirklich so leben? Ich muß soviel aufgeben bei diesem Leben hier, ist es das wirklich wert? Wie kann man so leben?

Auf diese Frage erhält man auf den Bruderhöfen meist sehr schnell eine Antwort. Aber es dauert, bis man über das bloße Anhören der Worte hinaus ist und wirklich weiß und fühlt, was gemeint ist.

„Wer zum Bruderhof kommt und hier leben will, der muß sich selbst völlig aufgeben. Alle eigenen Wünsche, Pläne und Ideen müssen sterben. In Gemeinschaft leben bedeutet, sich jeden Tag neu selbst aufgeben."

Wie oft habe ich das jetzt schon gehört hier. Klar, wer Christus nachfolgen und so leben will, wie es die ersten Christen praktiziert haben, der läßt seine egoistischen Wünsche sterben, gibt sich selbst auf und folgt statt dessen Christus nach, dient den anderen, liebt. Aber vom theoretischen Akzeptieren dieser Sätze bis zum praktischen Verstehen ist es weit. Ein Einblick in das Leben hier hilft da allerdings sehr schnell. Idealistische Gemeinschaftsträume wird man auf dem Bruderhof ziemlich bald vergessen.

Die Bruderhöfer reden zwar nicht viel darüber, aber sie wissen ganz genau, daß eine derartige Selbstaufgabe nicht aus eigener Kraft möglich ist. Wer das versucht, wird sehr schnell am Ende sein mit seiner Kraft. Jeder Gemeinschaftler hat da einschlägige Erfahrungen. Sich selbst aufgeben, sich für das Leben auf einem Bruderhof entscheiden, setzt deswegen immer Umkehr voraus, zu Christus finden, eine neue Kraftquelle erschließen, die das Leben in Liebe, Gemeinschaft und Demut erst möglich macht. Selbstverwirklichung, das heißt für sie, Christus zu verwirklichen, seinem Vorbild zu folgen. Christus verwirklichen — das ist Glaube, Vertrauen, Nachfolge.

Deswegen hat diese Forderung nach Selbstaufgabe für die Bruderhöfer auch nicht jenen bitteren Beigeschmack von Askese, Unterdrückung und Unfreiheit, den sie für jeden haben muß, der Selbstaufgabe aus eigener Kraft versucht. Das Sterben des Ichs, Diener Christi sein, Diener meines Bruders zu sein — Selbstverwirklichung durch Selbstaufgabe also —, das klingt für Ohren, die so etwas nicht geistlich zu begreifen versuchen, wie abwegiger Unsinn. Die Bruderhöfer aber haben erfahren, daß dies kein Unsinn, sondern funktionierendes Konzept und tiefes Geheimnis zugleich ist:

„Nur wenn ein Weizenkorn in die Erde fällt und stirbt, bringt es viel Frucht.“ So drückt es Jesus Christus im Neuen Testament aus.

Hier liegt auch das Vorbild für das Leben der Bruderhöfe. Ein kreatives Opfer bringen, abnehmen und dadurch wachsen, durch weniger mehr erreichen — dieses scheinbare Paradox kann man in dieser Gemeinschaft erfahren. Die Persönlichkeit wächst, wird reicher, runder, vollkommener, wenn das Ego stirbt. Selbstaufgabe produziert ganz offensichtlich nicht graue, asketische, traurige Mönche, sondern glückliche und normale Menschen, die anscheinend ihre Bestimmung gefunden haben, ihre Identität.

Aber auch wenn man dieses geistliche Geheimnis begriffen hat, ist das Leben hier nicht einfach. Man muß schon mit ganzem Einsatz dabei sein, um so radikal zu leben. Deswegen sind die Leute, die hier leben, auch keine alternativen Spinner oder revolutionären Träumer. Zu sechzig Jahren Gemeinschaftsleben gehört mehr als Enthusiasmus und Überzeugung.

„Wer hierher kommt, hat meist schon alles andere probiert. Für viele ist der Bruderhof die letzte Chance, Gemeinschaft zu leben. Dies hier macht nur, wer mit allem anderen gescheitert ist“, hören wir. So ähnlich wird entschiedenes Christsein auch im Neuen Testament beschrieben. Christsein, das ist — anders als selbst manche Frommen das glauben machen wollen — kein lässiges Hobby für ruhige Feierabendstunden, das ist nicht ein bißchen Weihrauch der Ewigkeit für ein ruhiges bürgerliches Leben, kein moralischer Verhaltenskodex. Das ganze Leben ist davon erfaßt, da wird alles auf den Kopf gestellt, umgekrempelt. Viele Bruderhöfer können davon erzählen, wie lange es gedauert hat, bis sie wirklich kapiert haben, daß ihr ganzes Leben gemeint ist. Nicht soziales Engagement, gemeinschaftliches Leben oder hohe ethische Normen sind das eigentliche Ziel. Urchristliches Leben bedeutet eine völlige Umkehr und Neubesinnung.

So gibt es denn auch eine Art typische Karriere, die zum Bruderhof geführt hat. Da ist einer, der in einer sozialen Bewegung aktiv war, in einer Friedensgruppe etwa, in Nahrungsmittel-Cooperativen, Gewerkschaftsgruppen. Irgendwann nach Jahren aufreibenden Kampfes begann er zu sehen, daß die Zielrichtung solcher Gruppen viel zu schmal, zu sektoral ist. Um wirklich etwas ändern zu können, mußte man die Sache breiter anpacken. Konsequenterweise schloß er sich daraufhin irgendwelchen radikalen Gemeinschaftsbewegungen an oder gründete selber eine. Aber auch diese Versuche führten nicht zum Ziel. Immer wieder scheiterten die Gemeinschaftsversuche — meist am Egoismus der einzelnen Mitglieder. Also wechselte er vielleicht die Gemeinschaft und erlebte auch hier bald wieder Krise und Zusammenbruch . . . bis er dann vom Bruderhof hörte, der das soziale und gemeinschaftliche Engagement zugleich besaß, dazu eine tragfähige Grundlage und — schon einige Jahrzehnte mehr oder weniger erfolgreiche Gemeinschaftsgeschichte hinter sich gebracht hatte, ohne auseinanderzufallen. Der Bruderhof stellte so für viele den letzten Versuch eines alternativen Lebens dar. Der, bei dem es schließlich zumeist auch klappte. Dabei ist es gar nicht so einfach, in die Bruderhofgemeinschaft aufgenommen zu werden.

„Bei irgendeiner Jugendsekte ist es meist sehr leicht, hineinzukommen, aber sehr schwer, wieder rauszukommen. Bei uns ist das genau umgekehrt“, erzählt uns ein Bruderhöfer. „Es ist nicht einfach, bei uns Vollmitglied zu werden, aber leicht, die Gemeinschaft wieder zu verlassen."

Zumindest den ersten Teil dieser Aussage kann ich voll bestätigen: Der normale Weg zum Bruderhof beginnt meist mit einem ersten, kürzeren Informationsbesuch, der für viele auch schon die Endstation bedeutet. Man sieht recht schnell, ob man sich so ein Leben überhaupt vorstellen kann. Wenn weiterhin ernsthaftes Interesse besteht, wird ein zweiter und oft auch dritter Besuch vereinbart, zwischen denen längere Zeiten zum Überdenken und Prüfen liegen. Erst dann kann man die Gemeinschaft um Aufnahme ins Noviziat bitten, die dann gewährt wird, wenn die Gemeinschaft absolut sicher ist, daß es die Bewerber ernst meinen und wissen, was auf sie zukommt. Immerhin neun Novizen von draußen haben auf diese Weise im letzten Jahr zu den Bruderhöfen gefunden. Mit der Taufe wird nach einiger Zeit ihre Entscheidung durch die Bruderschaft bestätigt.

Mit dem Beginn des Noviziats unterstellt sich der Novize der Leitung und Korrektur durch die Bruderschaft und verspricht, seinem Bekenntnis treu bis in den Tod zu bleiben — für viele Alt-Hutterer ein Gelübde, das bittere Realität geworden ist (Aufnahmefragen zum Noviziat siehe Anhang). Zu diesem Zeitpunkt überschreibt das neue Mitglied auch allen Besitz der Bruderschaft und gibt damit sein Verfügungsrecht darüber auf, lebt also in voller Gütergemeinschaft mit den anderen Bruderhöfern. Er stimmt mit dem Beginn des Noviziats auch zu, kein Recht auf die Rückgabe des Besitzes zu haben, falls er jemals wieder die Bruderschaft verlassen will. Diese aus der Sicht der Gemeinschaft sicher notwendige Regelung macht den Weg aus der Gemeinschaft zurück in das alte Leben denn doch nicht ganz so einfach, wie es in den oben zitierten Sätzen klingt.

Für welche Familie mit mehreren Kindern ist es schon leicht, zurück in eine völlig ungesicherte Zukunft zu gehen? Welcher alte Mensch wünscht sich einen Lebensabend, ohne daß er weiß, woher die nötigen finanziellen Mittel für Lebensunterhalt oder Krankheit kommen sollen? So ist die ganz freie, unbedrängte Entscheidung zum Zurück sicher nicht gegeben. Es müssen schon sehr schwerwiegende Gründe sein, die jemanden dazu veranlassen, die einmal getroffene Entscheidung rückgängig zu machen und alles zu verlieren.

Natürlich ist die Gemeinschaft kein herzloser, sektiererischer Zirkel, der seine Ex-Mitglieder der Armut überlassen würde. Natürlich hilft man, sofern es möglich ist. Aber dies steht in der Entscheidung der Bruderschaft, es besteht kein Rechtsanspruch. Nicht zuletzt deswegen nehmen die Bruderhöfe eine Neuaufnahme nicht leicht. Sie wollen absolut sichergehen, daß niemand nur aus romantischem Idealismus kommt. Eine wirkliche Berufung zu diesem Leben muß da sein, und die Kosten dieser Entscheidung müssen klar sein.

Natürlich haben es da die Bruderhofkinder einfacher: Sie kommen ja zurück ins Gewohnte, müssen nichts Altes aufgeben, wenn sie zur Bruderschaft stoßen. Um so ernster nimmt der Bruderhof deswegen auch hier die Prüfung, damit sich die eigenen Novizen wirklich für die geistliche Grundlage entscheiden, die hinter dem Bruderhof steht, und nicht für die gewohnte Form, die sie nicht entbehren mögen.

Die Gütergemeinschaft ist denn auch eine Sache, die vielen ernsthaft interessierten Menschen von draußen mit am schwersten fallen dürfte. Geld bedeutet ja Freiheit — Freiheit, mit meinem Auto irgendwohin zu fahren, Urlaub zu machen, mir etwas zu kaufen. In der normalen Gesellschaft steht und fällt das Maß an Freiheit oft mit der Stärke der Geldbörse oder des Bankkontos. All dies fällt weg beim Bruderhofleben. Niemand hier hat Geld in der Tasche. Die Kinder zum Beispiel wissen manchmal gar nicht, was diese runden kleinen harten Metallknöpfe sind, die draußen in der Welt so wichtig genommen werden. Auf dem Bruderhof braucht man kein Geld. Jeder bekommt das, was er nötig hat, durch den Steward oder die Hausmütter — die wenigen der Gemeinschaft, die im praktischen Leben häufiger mit Geld zu tun haben, weil sie die Besorgungen machen, nach den Bankkonten sehen, Rechnungen bezahlen und den finanziellen Überblick behalten.

Wer ein Paar neue Schuhe, eine neue Hose oder Haarshampoo braucht, geht zu einer der Hausmütter und läßt es sich geben. Dabei wird natürlich darauf geachtet, daß kein Unrecht geschieht und der eine mehr als der andere bekommt. Niemand hier ist ja für alle Ewigkeit frei vom Besitztrieb, auch die radikalste Gütergemeinschaft hilft da nicht weiter. Der äußere Rahmen wird zwar kleiner, die Möglichkeiten verringern sich, aber der innere Kampf gegen Egoismus und Besitzstreben bleibt bestehen.

Auch die Art, wie man mit Besitz umgeht, ist der Bruderschaft deswegen nicht egal. Was man hat, hat man ja von der Gemeinschaft bekommen, also ist man auch der Gemeinschaft verantwortlich. Es ist nichts Unnormales, wenn sich in einer Versammlung jemand bei der Gemeinschaft entschuldigt, über Nacht das Gas brennengelassen zu haben oder seine Schuhe im Wald verloren zu haben.

Gemeinschaft heißt ja auch, sich einander auszuliefern, einander verantwortlich zu sein. Deswegen fordert man nicht oder pocht auf vermeintliche Rechte und darauf, daß „der andere ja auch . . . und warum nicht ich?" Im Gegenteil. Der Wochenendausflug für die jungen Leute des Hofes etwa ist ein Geschenk des Bruderhofs, nicht eine Sache, die man als Recht anmahnen könnte.

Die Aufgaben der Hausmütter und des Stewards sind denn auch nicht immer ganz einfach. Oft sind schwierige Entscheidungen darüber zu treffen, was noch gut und was schon nicht mehr gut ist, was sich mit dem Ziel, einfach und weltverantwortlich leben zu wollen, verträgt und was schon unverantwortlicher Luxus ist. Immer wieder korrigiert sich die Bruderschaft da selbst. Mal stellt man fest, daß man mittlerweile viel zu gut ißt, und schraubt die Ausgaben für Lebensmittel zurück. Dann wieder merkt man, daß man nach den harten Anfangsjahren in Gefahr steht, einfach nach der Devise zu handeln: „Wir können es uns ja jetzt leisten, es ist doch genug Geld da!"

„Wir müssen uns immer wieder prüfen, ob wir verantwortlich mit dem Geld umgehen", erzählt der junge Steward von Woodcrest.

„Zum Beispiel haben wir die Sonntagsausflüge mit den Autos ziemlich zurückgeschraubt. Es war einfach zu selbstverständlich geworden, mal eben einen Ausflug in die Catskills zu machen und sich dafür ein Auto zu nehmen. Wir haben das gemerkt und uns in der Bruderschaft entschieden, an dieser Stelle weniger üppig zu leben."

Natürlich haben die Abteilungsleiter in den jeweiligen Bereichen des Bruderhofes einen Rahmen, in dem sie selbst verantwortlich entscheiden können, was zu tun und wofür Geld auszugeben ist. Wenn es zu größeren, ungewöhnlichen Ausgaben kommt, wird aber doch der Steward gefragt, was er dazu denkt. Und wenn der sich auch nicht sicher ist, wird mit einem „Servant of the Word", dem „Diener am Wort", oder dem Ältesten der Höfe gesprochen. Es geht dabei nicht darum, übereinander zu herrschen oder eine Hierarchie aufzubauen. Die jeweiligen Brüder und Schwestern haben ja ein Mandat von der Gemeinschaft bekommen, das sie ausüben sollen. Natürlich sind sie überprüfbar und hinterfragbar — und im Zweifelsfall auch sehr schnell von der Bruderschaft abberufbar. Jeder weiß hier aus eigener Erfahrung, daß Verantwortung und Weisungsbefugnis auch korrumpieren kann. Man akzeptiert, daß man mal für einige Zeit auf einen anderen Posten delegiert wird, wenn die Gemeinschaft das Gefühl hat, man würde seiner Aufgabe nicht mehr gerecht.

Fragen müssen, keine Rechte haben — das klingt sehr nach Unfreiheit. Aber auch hier darf man ja nicht vergessen, daß alle Mitglieder der Gemeinschaft einander verantwortlich sind, niemand selbstherrlich nach seinen persönlichen Gefühlen und Eindrücken entscheiden darf und die Beziehung untereinander von Liebe geprägt ist. Funktionsträger herrschen nicht über die Gemeinschaft, sie sollen ihr dienen.

„Als Steward oder Hausmutter hat man eine sehr gute Möglichkeit, praktische Liebe zu zeigen. So möchte ich auch gerne meine Arbeit verstehen. Wenn jemand in die Stadt fahren muß und von mir die Autoschlüssel und Geld bekommt, dann kann ich ihm eben auch mal sagen, daß er sich ein Eis kaufen soll und seiner Frau auch eins mitbringt."

Nicht nur in den kleinen Tagesgeschäften versucht die Gemeinschaft nach der Bergpredigt und dem Vorbild eines urgemeindlichen Kommunismus zu leben. Auch die übertriebene Vorsorge für die Zukunft haben sich die Gemeinschaftler verboten. So hat man keine Krankenversicherung, keine Renten- oder Lebensversicherungen, nicht einmal gegen Feuer und Unglücke ist man versichert.

„Wir wollen auch hier ganz auf Gott vertrauen, Glaube ist doch nicht nur ein weltfremdes Ideal, sondern hat doch mit dem ganz normalen Alltag zu tun!“

Tatsächlich ist die einzige Versicherung, die die Bruderhöfe denn doch haben, eine, die sie gesetzlich vorgeschrieben bekommen: die Auto-Haftpflichtversicherung. Wenn sich dennoch irgendwann mal ein Unglück ereignet — wie etwa 1957, als ein großes Haus der Gemeinschaft in Flammen aufging —, vertraut man auf die Hilfe der anderen Höfe und der hutterischen Brüder.

Keine Frage ist übrigens, wieviel Geld die Bruderhöfe für das Haareschneiden ausgeben. Es ist Samstagvormittag, und ich gehe gerade noch einmal unten durch die Werkstatt, als ich stutze und genauer hinsehe: Tatsächlich, da, zwischen halbfertigen Babystühlchen und Stapeln von Kindergartentischen ist doch tatsächlich so etwas wie ein ambulanter Friseurladen entstanden. Rund um den hohen Hocker, auf dem gerade ein älterer Graukopf mit beginnender Glatze Platz genommen hat, um von den eh nicht gerade vielen Haaren noch ein paar zu opfern, liegen schon trojanische Schichten ganz verschiedener Haarsorten auf dem Boden. Ein richtiges Wochenendidyll, hart und männlich macht sich das hier in der Werkstatt. Bei der Schafschur im Stall muß es so ähnlich zugehen.

Bruderhof-Mode sieht zur Zeit so aus: an den Seiten kurz und flach, ohrenfrei natürlich, dafür zum Ausgleich oben drauf mächtig füllig und lang. Auf jeden Fall ein echter Dienst am Nächsten und sehr finanzschonend, was der Andrew da macht, der heutige „Diener am Haar", wie ich ihn mal nennen möchte.

Wochenende — da läuft alles ein bißchen anders. Wo auf der Welt ist das nicht so? Aber das große Aufatmen und die Flucht in „Wochenend und Sonnenschein" gibt es hier nicht. Dazu wird die Arbeit in der Woche denn als zu sinnvoll empfunden. Im übrigen läuft die Produktion im Shop am Samstagvormittag ja unvermindert weiter, und in der augenblicklichen Hochkonjunktur sind sogar am Nachmittag noch einige Brüder hier am arbeiten. Ansonsten läuft die Zeit nach dem Mittagessen am Samstag eher gemütlich ab:

Die Hausfrauen backen ihre üblichen „Sticky buns", „Swirls" oder „Jewish applecake" und füllen den unvermeidlichen Maple-Sirup nach. Ein paar der Brüder mähen den Rasen und pflegen die Blumenbeete auf dem kleinen Friedhof der Gemeinschaft. Andere haben Dienst im Ausstellungsraum oder verkaufen unten an der Straße Tomaten, Bohnen und Wassermelonen aus eigener Ernte. Natürlich zählt auch Wagenwaschen, das schon erwähnte Haareschneiden oder die Algenbekämpfung unten im Pond zu den typischen Wochenendarbeiten, mit denen hier alles für den Sonntag vorbereitet wird.

Abends nach dem Essen gibt es ein Shalom-Meeting, zu dem wir eingeladen sind. Vincent Harding, der farbige Professor aus Denver, wird noch einmal über die Sklavenzeit berichten und über jene berühmte „underground railroad", etwas, das mit Eisenbahn wenig, aber viel mit der Fluchthilfe für Sklaven zu tun hatte. Hier haben Christen mitgeholfen, auf abenteuerliche Art und Weise und mit Hilfe unterirdischer Gänge und verborgener Kellerräume, geflohene Sklaven zu retten und in den sicheren Norden Amerikas zu bringen.

„Shalomer“, das sind hier in Woodcrest und auf den andern Bruderhöfen jene unverheirateten Gemeinschaftsmitglieder, die sich im Alter zwischen achtzehn und fünfzig befinden. Die Grenzen schwimmen da etwas, besonders die nach oben. Ich weiß zwar nicht, was unverheiratete Männer und Frauen besonders mit „Shalom“, mit dem alttestamentlichen Wort für Frieden zu tun haben, aber eine gute Einrichtung ist diese Gruppe auf jeden Fall. Die Shalomer haben einen eigenen Chor, eigene Gesprächsgruppen und gehen auch mal gemeinsam auf eine Wandertour oder Wochenendfahrt. Und sicher haben schon manche Bruderhofehen auf Shalom-Meetings ihre Initialzündung gehabt.

Wir sitzen in einem großen Kreis im Eßsaal des Rhönhauses. Etwa achtzig mehr oder weniger junge Leute sind zusammengekommen. Über uns fächern die vier großen Ventilatoren die mittlerweile ziemlich kühle Abendluft und lassen einem kalte Schauer der Erwartung über die nackten Unterarme laufen. Diese Luftquirle wirbeln hier anscheinend immer, bestimmt auch im Winter, wahrscheinlich damit die warme Luft von der Decke wieder runter kommt.

Wenn ich jedenfalls heute an dieses Treffen denke, denke ich auch immer an meine Gänsehaut — und an die sehr eindringlichen und persönlichen Worte von Vincent Harding. Einigen der in Amerika groß gewordenen Bruderhöfern scheint zum ersten Mal aufzugehen, daß auch in ihrem Land maßloses Unrecht geschehen ist, sie — alle Weiße — beginnen sich schuldig und mitverantwortlich zu fühlen vor diesem Farbigen, der ihnen die Geschichte der

Hochsaison im Februar: VEB Ahornsirup

Mal wieder ein Fest in der Luft: Highschooler

Grandma am Computer

Nähen ist Frauensache

Waschen und legen, bitte!

Schaukelpferde am Fließband

Josef, der Screw-driver

Werkstatt? Werkstatt!

. . . aber die Männer waschen ab!

Gemeinsam gepflückt . . .

. . . gemeinsam geputzt

Jugendbewegt: Bruderhofkunst zum Hochzeitsfest

Family-Meeting

Immer ein romantisches Plätzchen: Snack

Kleines Schwätzchen beim Sommerfest

Gemeindestunde

Eingekreist

Fackeln voran!

Unterdrückung und Verfolgung seiner Rasse erklärt. Zu Tränen gerührt verlassen manche nach dem Schluß das Meeting. Wieder einmal wird zum Schluß in den alten Sklavenliedern auch die eigene Bewegung herausgesungen. Bruderhöfer sind dünnhäutig für Leid und Unrecht, sie gehen mit, fühlen sich angesprochen.

Später, wir sind auf unserem üblichen Abendspaziergang, sehen wir, wie auf einmal Fackeln hinter dem Pembrook-Haus aufleuchten und wie sich in deren flackerndem Licht leise die große Gruppe der Shalomer unter dem Fenster der Gästeräume versammelt, in denen die Harding-Familie wohnt. Und dann klingt es zu uns herüber. Alte Spirituals, getragene, wehmütige Melodien in der Dunkelheit. Ein Zeichen des Danks und der Verbundenheit, der Versöhnung und Bruderschaft, Lieder wie ein Gebet.

Aber auch wir bekommen noch ein Betthupferl — ganz anderer Art allerdings. Als wir am Almhaus vorbeigehen, beobachten wir, wie sich einige auf der Wiese vor dem Haus an einem großen unförmigen Ding zu schaffen machen. Eine ganze Familie muß das sein. Kinder mit nackten Füßen und schon im Schlafanzug stehen Schlange vor einem langen zylinderförmigen Gerät. Als wir näherkommen, werden wir angesprochen.

„Wollt ihr auch mal durchsehen? Es ist ein besonders schöner Abend heute!“

Einer der Lehrer der Woodcrester Schule hat das große Himmelsfernrohr aufgebaut. Bruderhöfer sind begeisterte Astronomen und kennen sich mit den Sternen und deren jahreszeitlichem Stand gut aus. Wahrscheinlich habe ich in der Schule gerade mal wieder gefehlt, denn hier bekomme ich so zum ersten Mal im Leben einen Blick auf die

Ringe des Saturn mit und auf ein paar mächtig plastische Mondkrater. Geduldig stehe ich in der Schlange zwischen lauter kleinen Hutterer-Jungen und -Mädchen im Nachthemd — und warte auf meinen nächsten Blick durch die Optik . . .

9 Haydn beim Bohnensalat

Sonntag — das ist für viele Bruderhöfer der aufregendste Tag der Woche. Da ist immer etwas Besonderes los, und der Tagesablauf ist nicht so festgefügt wie sonst. Das ganz normale Sonntagsprogramm enthält zur deutschen Gottesdienstzeit das „Family-Meeting", eine lockere halbe Stunde für alle. Dabei trifft man sich im großen Eßsaal mit viel Gesang und Darbietungen der Kindergruppen.

Vielleicht ist heute gerade die Pre-school dran, einen „Original-Bavarian-Schuhplattler" aufzuführen, zu dem extra von einer der Reisen „Original-Bavarian-Tiroler-Hüte" mitgebracht wurden, um das deutsche Erbe zu pflegen. Zur allgemeinen Begeisterung werden die kleinen Stöpsel dann im Kreis auf der Bühne herumhopsen und „Original-German-Songs" intonieren — mühsam eingepaukt mit einem grauslichen „Original-American-Accent".

Das Bruderhof-Deutsch der Kinder ist überhaupt so eine Sache. Zwar gibt man sich viel Mühe, die alte Erbsprache zu erhalten, mangels wirklicher Anwendungsmöglichkeit bleibt es aber doch oft mehr bei humoristischen Versuchen. „Du bischt ein Fräschdacks", gibt mir die kleine Nachbarstochter eine Probe ihres Könnens, als ich sie nach ihren Deutschkenntnissen frage. Sie kennt auch noch die Wörter „Faulpealz", „ulkig", und „Fearkel" und erzählt mir etwas von der Prinzessin auf der „Aerbse". „Das Problem mit Deutsch ist, daß wir immer die Sachen verstehen, die wir eigentlich nicht hören sollen!" amüsiert sie sich über Heimlichkeitsversuche ihrer Eltern.

Die hutterische Sprachpraxis zu kritisieren, kann allerdings schnell gefährlich werden — denn wer im Glashaus sitzt, soll nicht mit Steinen werfen.

„Also, diese vielen englischen Worte in deiner Zeitschrift", regt sich Hanni Maendel auf, „das verstehen wir gar nicht. Bei unserem Sohn stand neulich im Deutschbuch: ‚Die Mutter managt die Küche'. Das ist doch scheußlich! Wie hört sich das denn an!"

Daraufhin muß ich ihr erstmal Aufklärung darüber geben, daß englische Wörter im Deutschen seit dem Krieg sehr stark Eingang gefunden haben — und daß diese Wörter vor allem auch englisch ausgesprochen werden — und nicht deutsch, worüber sie sich so amüsiert.

Dem sonntäglichen Family-Meeting schließt sich meist die Gemeindestunde an, eine Art sonntäglicher Gottesdienst, der bei gutem Wetter auf dem dorfeigenen Hügel, bei schlechtem Wetter im Bruderschaftssaal abgehalten wird. Danach spielt man eine Runde mit den Kindern, sitzt mit Gästen zusammen oder geht mit der Familie zum gemeinschaftseigenen Totengarten hinunter, um einmal nach den Gräbern der Lieben zu sehen und ein paar Blumen zu bringen. Mittagessen gibt es wie üblich gemeinsam, und am Nachmittag ist freie Zeit. Da fahren die Familien mit dem Pferdewagen durch die Umgebung und laden auch schon mal die Nachbarn zum Mitfahren ein. Andere fahren mit dem Auto in die nahegelegenen Catskill-Mountains, und Papa Maendel radelt mit den ältesten seiner neun Söhne zum Angeln an den Hudson.

Sonntags läßt man die Seele baumeln wie überall auf der Welt. Und natürlich gehört dazu auch ein ausgiebiger Snack mit „Hobo-Style-Coffee" (dem besseren der beiden

Zubereitungsverfahren) und ätzend süßer Pie samt Maple-Sirup. Am Abend dann das gemütliche Family-Supper, wann immer möglich draußen verbracht und — saisonal bedingt — unter Einsatz von reichlich selbstgeernteten, wohlschmeckenden Tomaten und dem gerade hektoliterweise von der Coca-Cola-Company angelieferten überdateten „Minute-Maid-Fruit-Punsch" gestaltet.

Heute aber ist kein normaler Sonntag, sondern ein besonderer. Ein Fest liegt in der Luft. Nein, es geht nicht um die Hochzeit von Danny Moody im fernen Manitoba, bei der zum ersten Mal in der Bruderhof-Geschichte ein gemischtes, alt- und neuhutterisches Paar zusammengegeben wurde. Auch das war wahrhaftig ein Grund zum Feiern. Und auch um die erste Taufe seit langer Zeit soll es hier nicht gehen, die gerade auf dem Darvell-Bruderhof in England stattfand, per Satellit und Telefonleitung in alle drei amerikanischen Höfe übertragen wurde und so gemeinschaftlich gefeiert werden konnte. Nein, heute sind die Kinder dran, denn morgen geht die Schule wieder los, und die Erstklässler sollen feierlich eingeschult werden. Ein wahrhaft großer Tag.

Schon die ganze Woche wurde darüber gesprochen, daß am Sonntag Einschulung ist.

„Kennst du Zuckatütn?" werde ich wohl zehnmal gefragt.

„Gibt es das in Deutschland noch, Zuckatütn?" Ich weiß nicht, ob in Deutschland noch durchgängig in Mode ist, den Kindern Zuckertüten zur Einschulung zu überreichen, hier aber ist es jedenfalls so.

Süße Sachen gibt es nicht allzu häufig auf dem Bruderhof, höchstens die Großeltern bekommen mal eine Zuteilung zum Weitergeben an die Enkel. Zuckertüten — das signalisiert also ein wirklich großes Ereignis im Leben. Und wenn Schule so großartig anfängt, kann sie ja nur noch Spaß machen. Man ist sichtlich stolz, diese alte deutsche Sitte mit hinübergerettet zu haben. Statt Family-Meeting also heute Einschulungsfeier mit Alt und Jung und Mann und Maus im großen Eßsaal.

Die Schulkinder sitzen neben ihren Eltern, stolz auf ihre neuen bruderhof-blauen Hemden und Kleider, die seit diesem Sommer für alle eingeführt werden. Nach einigen Liedern beginnt auf der liebevoll als altmodisches Klassenzimmer zurechtgemachten Bühne mit Heidenspektakel ein Schulstück. Vier der erwachsenen Bruderhöfer haben sich als Lehrer und Kinder verkleidet, führen ein selbstgeschriebenes Theaterspiel auf — und sind in jeder Beziehung kaum wiederzuerkennen.

„Mensch, dieser mächtige Oberlehrer, das war ja Jim, der uns neulich mit in den Ort genommen hat", staune ich hinterher, als Jim seinen wallenden Mantel und die rote Perücke ausgezogen hat.

Vor uns läuft das Stück ab, in dem es darum geht, einem ungeratenen Flegel mit Hilfe eines riesigen Nürnberger Trichters die für eine Bruderhof-Erziehung nötige Schul- und Lebenserfahrung einzufüllen. Mit einem überdimensionalen Bohrer muß dazu natürlich erstmal ein Loch in des frechen Knaben Haupt gebohrt werden, wobei sich zum Entzücken aller mächtige Holzspäne (frisch aus der Werkstatt) vom Kopf herabringeln. Dann wird kräftig geölt und der Trichter eingeführt. Natürlich verschwinden zuerst einmal „Webster's Dictionary" und einige andere alte Schinken im Trichter, und nachdem noch einige Male mit Maple Sirup geölt wurde, folgen auch noch ein Geodreieck und — ganz im Trend der Zeit — ein paar Floppy

Disks vom guten Willy Wang . . .

Zum Schluß aber wird es ernst: Sechs Erstklässler trappeln verlegen durch den Mittelgang nach vorne und starren mit sehnsuchtsvollen Augen auf die mächtigen Zuckertüten, die rechts neben der Tafel aufgebaut sind. Einer nach dem anderen muß nun zeigen, ob er in der Preschool gelernt hat, seinen Namen zu schreiben. Nachdem das mit quietschender Kreide und angestrengt herausgestreckter Zunge mühsam bis bravourös erledigt ist, bekommt jeder sein Antrittsbonbon, die Zuckertüte. Dann werden die neuen Lehrer vorgestellt, und eine Klasse nach der anderen marschiert — mit ihrem Oberhaupt und einem Schuljahrsauftakt-Geschenk versehen — hinüber zum Schulhaus, um die neuen Klassenräume und Schulbücher zu besichtigen.

Wenig später folgen auch die Erwachsenen. Auch sie sollen ja sehen, wie das nächste Schuljahr ablaufen wird, neben wem ihre Tochter wohl sitzt und welche Schulbücher benutzt werden.

Vor dem Schulhaus sind ein paar Buden aufgebaut, in denen es für alle Eis am Stiel und Popcorn gibt. In der Schule selbst ist alles blitzblank geputzt und herausgeschmückt. Bunte Bilder hängen an den Wänden, Schülerarbeiten sind ausgestellt, in der Ecke blubbert das neu gefüllte Aquarium, und sogar der Hamster hat seinen Käfig frisch gebohnert . . . Schule — das ist Gemeinschaftssache, jeder freut sich mit und nimmt Anteil. Zur Schule gehen, das bringt Spaß auf dem Bruderhof.

Unten in der umfangreichen Schülerbücherei werden unterdessen die neuen Bücher und Zeitschriften besehen. Die alte, weißhaarige Edna erzählt mir, daß ich ihr doch mal einen Prospekt über eine neue deutsche Bibelübersetzung organisieren soll, und jemand anders zeigt mir die neuen Peter-Rabbit-Bilderbücher, die in der Abteilung für die Kleinsten ausliegen.

Die Schule ist kein Ausland für die Erwachsenen oder Ledigen des Hofes. Dieser Kontakt zwischen allen, das Besprechen von Schulangelegenheiten in der Bruderschaft, die enge Zusammenarbeit zwischen Eltern, Lehrern und Gemeinschaft, das macht den besonderen Pfiff der Bruderhofpädagogik aus. Dahinter steht ein sorgsam durchdachtes Konzept, das nicht zuletzt wieder einmal auf Eberhard Arnold zurückgeht, der sich ausführlich über Kindererziehung ausgelassen hat. Interessant in diesem Zusammenhang, daß Emmy und Eberhard Arnold über einige Ecken verwandt waren mit Pestalozzi und Fröbel, eine Tatsache, die ihr Interesse für Pädagogik mitgeprägt haben mag.

Natürlich gibt es auch an Bruderhofschulen ab und zu einmal Disziplinprobleme, schwierige und einfache Schüler, Lausbuben und „fromme" Lämmer. Kopfhänger aber sind auf dem Bruderhof nicht gefragt, ein bißchen Wildheit, Wagemut und viel Unternehmungsgeist werden ausdrücklich gefördert. So zählt denn bei den großen und kleinen Vergehen der Bruderhofkinder auch immer zuerst, aus welchem Geist heraus sie getan wurden. Geschieht etwas aus kindlichem Übermut oder aus einem Noch-nicht-einschätzen-Können der Dinge heraus, dann ist es etwas ganz anderes, als wenn eine Sache aus Bosheit, Eifersucht oder Neid passiert.

Mit Strafen sind die Bruderhöfe in diesem Fall nicht zimperlich. Zwar darf nicht geschlagen werden, aber die Erziehungsmaßnahmen reichen bis zur kurzfristigen Verbannung aus Familie und Gemeinschaft oder Umschulung an eine staatliche Schule. Das aber sind die ganz seltenen Ausnahmen, denn in aller Regel ist die Bruderhofschule ein pädagogisches und menschliches Paradies, in dem Selbstverwirklichung genausogut möglich ist, wie Erziehung zur Gemeinschaft.

Das sehr liberale amerikanische Schulsystem kommt den Bruderhöfen da sehr entgegen: Sie können ihre eigenen Schulen aufmachen, niemand schreibt ihnen einen exakten Lehrplan vor, sie können die Schule mit ihren eigenen Lehrern besetzen, und Unterricht darf auch von Gemeinschaftlern erteilt werden, die kein Lehrerstudium absolviert haben. Ab und zu wird von der Schulbehörde schriftlich geprüft, und am Ende des Schuljahres müssen die Zeugnisse eingesandt werden.

Grundsätzlich kommt es einzig und allein darauf an, daß nach acht Jahren Schule ein Leistungsstand erreicht ist, der es den Kindern erlaubt, auf der weltlichen Highschool mitzuhalten. Und das schaffen die Bruderhöfe offensichtlich mit links — was nicht verwundert, wenn man sich die intensive und liebevolle Betreuung klarmacht, die hier gewährt wird.

Natürlich gibt es einen Stundenplan — und der wird sogar mit Hilfe von Kollege Willy Wang gemacht: Hofbesichtigung gehört genauso dazu wie Frühsport, ein gemeinsamer Snack genauso wie Töpfer- oder Holzarbeiten, verschiedene Projekte auf dem Gelände genausogut wie die ganz normalen wissenschaftlichen Fächer.

Wenn im Geschichtsunterricht etwa die Evolution behandelt wird, liest man zusätzlich zum von der Schulbehörde empfohlenen Geschichtsbuch erstmal eine Rede vom Ältesten Heini-Vetter, der dazu vor fünf Jahren in der Shalom-Gruppe etwas gesagt hat.

Ist der theoretische Teil vorbei, verschwinden Ian und David zu ihrem speziellen Projekt irgendwo in die Weiten des Bruderhofs: Feuermachen ohne Streichhölzer ist angesagt, wie in der Steinzeit. Die restlichen fünf der Klasse üben derweil ein spontanes Spiel darüber, wie sich die Höhlenmenschen wohl ohne Sprache verständigt haben — und zu allem blubbert das Aquarium, und im gläsernen Bienenstock fliegen die fleißigen Bienen als leuchtendes Vorbild emsig durch die extra angefertigte Glasröhre zur Arbeit nach draußen. Ganzheitlicher Unterricht für Kopf, Hände und Herz. Da würde man am liebsten noch mal zur Schule gehen.

Ausgeklügelt und ganzheitlich wie der Unterricht sind auch die Zeugnisse der Schule. Nach jahrelangen Erfahrungen hat man ein Zeugnis entwickelt, das viermal im Jahr eine genaue Bewertung aller möglichen Lernerfolge und Verhaltensweisen vorsieht. Diese „Report card" ist ein bruderhof-internes Zeugnis, das vor allem zur Information der Eltern dient. Für die Schulbehörde wird ein zweites, offizielles Zeugnis erstellt, das lediglich die Noten enthält. Die interne „Report card" ist eine für deutsche Verhältnisse traumhaft streßfreie Angelegenheit, die einem die Angst vor objektivem Leistungsdruck nehmen könnte. Gewertet wird bei jedem Fach das Durchschnittsergebnis aus drei Noten: Für das Fach Englisch steht da etwa: 3–4–1/2,7.

Die Drei bezieht sich dabei auf den inneren Einfluß des Schülers in der Schule: Arbeitet er gruppenfördernd? Hat er Respekt vor Klassenkameraden und Lehrern? Hilft er anderen Schülern?

Die Vier bezieht sich auf die Anstrengungen, die er in dem Fach unternimmt: Arbeitet er fleißig, pünktlich, aufmerksam? Gibt er Beiträge zum Unterricht? Fragt er, wenn er etwas nicht verstanden hat? Arbeitet er freiwillig?

Die Eins als dritte Meßzahl sagt etwas über den objektiven Erfolg aus: Hat er verstanden, was unterrichtet wurde, wie sind seine Arbeiten ausgefallen? Die 2,7 ist dann die durchschnittlich erreichte Note und wird als einzige nach außen weitergegeben. In den USA ist die Bestbewertung 4, die schlechteste Note 0. So ausgedrückt hieße diese Musterbenotung:

Der Jungbruderhöfer hat in Englisch eine recht gute innere Haltung, er arbeitet unheimlich hart, aber er kapiert trotzdem nicht viel . . .

Zusätzlich zu dieser Bewertung werden von allen unterrichtenden Lehrern auch noch „Hilfsbereitschaft, praktische Arbeit, Kampf um eine gute Atmosphäre, Beziehung zu Klassenkameraden und die Weite des Horizonts in Beziehung zu Klassenkameraden, Lehrern, Gemeinschaft und Welt“ beurteilt. Da scheint wieder die Hilfe von Willy Wang notwendig, um das alles auszuwerten. Aber wenn es klappt, ist dies auf jeden Fall eine sehr exakte Auskunft über den jeweiligen Schüler.

Zusätzlich gibt es noch ein anhängendes Blatt für längere Kommentare von Lehrern und eine Antwortspalte für die Eltern.

Man könnte sich natürlich auch vorstellen, daß soviel Seelenschnüffelei leicht zu einer „Kontroll-Neurose“ führen kann. Das aber wird wohl verhindert dadurch, daß der Hauptzugang zu den Schülern Liebe ist und das Gefühl, kostbare, der Gemeinschaft anvertraute Geschenke zu betreuen. Schule ist ja auch für niemanden eine fremde Welt. Die Eltern sind nicht weit, Papa wird an seinem Arbeitsplatz besucht, Mama lehrt in Biologie, und der große

Bruder, der in der Holzwerkstatt arbeitet, unterrichtet morgen früh an der Drehbank Teller drechseln. Wovor sollte man da Angst haben?

Diese optimalen Schulbedingungen sind denn auch ein Hindernis für die Höfe, in ihr altes Heimatland Deutschland zurückzukehren, denn auf eine weltliche Schule, in der es unchristlichen Unterricht, ungebrochenen Materialismus, schlechten Einfluß durch Klassenkameraden und Sexualkundeunterricht gibt, mögen die Hutterer ihre Kinder nicht schicken.

Erst mit 13, 14 Jahren lassen sie ihre Kinder in die weltliche High-school gehen und später dann ans College, in eine Spezialausbildung oder zur Universität. Diese Phase des Entferntseins vom Bruderhof, der langsamen Entwöhnung bis hin zum selbständigen Leben an der Universität ist bewußt vorgesehen und wird bei jedem Jugendlichen eingehalten. Die Bruderhofkinder sollen die Welt sehen, sie sollen vergleichen können, sollen selbständig und lebensfähig werden und sich dann — und erst dann — frei entscheiden können, wohin ihre Zukunft sie führt.

Viele entscheiden sich heute für das Bruderhofleben — aber das war nicht immer so. Man trifft immer wieder Eltern, bei denen ein Teil der Kinder draußen lebt. Je stimmiger, überzeugender und anziehender das Bruderhofleben ist, umso eher bleiben die Kinder da. Aber Mitglied werden ist natürlich immer auch eine Frage der geistlichen Berufung. Ohne feste Gottesbeziehung geht es nicht. Anhänglichkeit, Gewöhnung oder Bequemlichkeit reichen nicht aus für das Leben auf dem Bruderhof.

Der Unterschied von weltlicher Schule, College oder Universität ist natürlich für die Kinder deutlich zu spüren. „An der High-school reden wir die Lehrer nicht mit Vornamen an, weißt du", erzählt mir ein 14jähriger, der gerade das erste Jahr nach Kingston fährt. „Die Lehrer da sind nicht wirklich unsere Freunde, wie hier."

In die Phase der Entwöhnung vom Bruderhof trat für die jungen Männer zur Zeit des Vietnamkriegs auch die Aufforderung zum Militärdienst — eine Unmöglichkeit für Bruderhöfer. Anwendung von Gewalt und Nachfolge Christi, das geht für sie nicht zusammen, die Bergpredigt soll ja ihr Leben bestimmen. Für die alten Hutterer blieb an dieser Stelle oft nur Martyrium, Gefängnis oder Tod als Ausweg. Das haben die stets schlitzohrigen Bruderhöfer für die Zeit des Vietnamkrieges, als es in den USA die allgemeine Wehrpflicht gab, etwas erträglicher geregelt.

Im 1956 gegründeten „Woodcrest Service Committee", einer wohltätigen Organisation, können in den verschiedenen Arbeitsbereichen auch Civil-Service-Leistende beschäftigt werden, Zivildienstleistende also. Das war zwar für einen Woodcrester nicht in Woodcrest möglich — das wäre denn doch aufgefallen —, aber da gab es ja noch andere Möglichkeiten. Man schickte die Woodcrester ganz einfach nach Pennsylvania in das dortige Service Committee des New-Meadow-Run-Bruderhofes — und schon war das Problem geregelt. Eine gnädige Konstruktion, die sie vor erneuter Glaubenswanderschaft schützte.

Die große Glocke in ihrem Holzgerüst vor dem Archivgebäude fängt an zu läuten. Wahrscheinlich hängen mal wieder röckefliegenderweise zwei kleine Bruderhof-Mädchen am Glockenseil und sagen auf und ab schaukelnd Bescheid, daß es Zeit ist, zum Mittagessen zu gehen. Jeder Bruderhof der Neu-Hutterer hat so eine Glocke — eine neu-hutterische Spezialität. Denn die Alt-Hutterer lehnen Kirchenglocken genauso ab wie Knöpfe an der schwarzen Sonntagstracht der Männer: „Sowas hat nur der Katholer." Bei den Glocken sind die Bruderhöfer also etwas katholisch, bei den Knöpfen gut hutterisch: Erst nach zwei Jahren habe ich zum ersten Mal mitbekommen, warum die Gemeinschaftler immer nur die mühsam angenestelten Druckknöpfe an ihren Jacken haben. Was neben dem angeblich katholischen daran der tiefere Hintergrund ist, habe ich noch nicht herausbekommen. Wahrscheinlich gelten sichtbare Knöpfe als Schmuck . . .

Alles strömt zum Rhönhaus. Besonders einheitlich sieht es heute aus, denn sonntags gehen die meisten in dem leuchtenden Bruderhof-Blau. Trotz Glocke komme ich etwas spät und muß mir irgendwo zwischen den vollbesetzten Tischen noch ein Plätzchen ergattern. Aha, Bohnensalat gibt es heute. Und sogar noch mehr: Arnold Masons distinguiert und herrlich englisch klingende Stimme sagt an, daß zum heutigen Mittagessen aus Haydns „Jahreszeiten" der „Sommer" gegeben werden soll.

Na, denke ich, da haben sie heute wohl mal nichts zum Vorlesen gefunden, lassen sie eben eine Platte laufen . . . dachte ich. Aber kaum ist Arnold Masons Ansage beendet, erheben sich die gesammelten Chöre des Hofes und marschieren auf leisen (wahrscheinlich mal wieder nackten) Sohlen zur Bühne. Auf einmal ist nahezu die Hälfte der Plätze leer, und mir bleibt fast der Bohnensalat im Hals stecken, als dann der Haydnsche Sommersturm im Eßsaal losbricht. Nur der Bohnensalat, der von Jung und Alt gemütlich klappernd weitergelöffelt wird, hält mich vom Glauben ab, mal eben in die Wiener Staatsoper transferiert worden zu sein. Während mir kalte Schauer den Rücken hinunterlaufen, versuche ich den Hals zu recken und zu zählen: Das sind ja an die achtzig Sänger! Und die produzieren einen Sound! Haydn beim Bohnensalat, der gute alte Franz Josef würde sich im Grab umdrehen . . . und genauso interessiert zugucken und sich vielleicht sogar freuen über die eifrigen Sänger.

Meine mangelnde Bruderhof-Erfahrung macht sich mal wieder bemerkbar darin, daß ich Haydn und Bohnensalat zusammen gar nicht so schnell verdauen kann wie meine raffinierten Tischnachbarn, die abgebrüht und im üblichen Bruderhof-Tempo weitergelöffelt und nachgefaßt haben, während mein Teller noch halbvoll und die Nachschubschüssel schon wieder leer ist. Na, zur Sicherheit kann man ja nachmittags einen Snack einlegen!

Ja, der Sonntag bringt doch immer etwas Besonderes. Nur die Männer, die zum Abwaschen eingeteilt sind, müssen auch am Sonntag ran. Abwaschen und Auftragen ist ja nun einmal Männersache auf dem Bruderhof. Ansonsten ist die Rollenverteilung schon klarer: Die Männer arbeiten im Shop, die Frauen im haushälterischen Bereich. Die Männer hobeln, sägen und bohren, die Frauen waschen, bügeln und nähen. Nur in den Büros und in Archiv und Verlag gibt es eine gemischte Mannschaft. Trotzdem sind die Frauen natürlich gleichberechtigtes Mitglied der Gemeinschaft — auch wenn sie nicht Ältester oder Diener am Wort werden können, da hält man es ganz klar mit dem neutestamentlichen Verständnis. Aber die Frauen hier sind selbstbewußt und eigenständig, wie ich selten Frauen in frommen Kreisen erlebt habe. Sicher liegt das mit daran, daß hier alle Erwachsenen arbeiten und niemand nur auf seine eigene Familie und Kinder festgelegt ist. Jeder arbeitet für jeden.

Ein anderer, etwas verborgenerer Beitrag zum weiblichen Selbstbewußtsein ist sicher auch die Tatsache, daß hier jeder sein „Geld“, seinen Lebensunterhalt von der Gemeinschaft erhält, nicht die Frau vom Mann, sondern alle voneinander.

Auf einem anderen Gebiet sind die Frauen allerdings noch nicht so befreit oder halten ganz unbewußt eine zurückhaltende Linie ein: Öffentliches Zärtlichsein ist ziemlich selten auf Bruderhöfen. Immer wieder höre ich das übereinstimmend von anderen Bruderhofbesuchern. Jemandem, der von außen kommt, fällt das sofort auf. Ein Kuß, in den Arm nehmen oder Händchen halten ist hier praktisch nicht zu sehen. Nur ganz junge Pärchen scheinen im Überschwang der Gefühle ab und zu mal schüchtern die Hand in die des anderen zu schieben, wenn man auf dem Weg zum Eßsaal ist. Unbewußt paßt sich auch der Besucher an dieses keusche Verhalten an — und riskiert natürlich gleich einen handfesten Krach mit seiner Ehefrau, die in der psychisch belastenden Gastsituation schneller unter „Entzugserscheinungen“ leidet und eine zärtliche Berührung oder ein demonstratives Händehalten braucht.

Darauf angesprochen reagieren Bruderhöfer erstaunt:

„Nein, das ist keine offizielle Linie oder Anweisung bei uns. Sind wir nicht zärtlich? Das ist mir noch nie aufgefallen. Naja, aber das ist doch auch nicht schön, wenn man das so öffentlich macht, oder?“ erzählt mir Hela, als ich sie einmal darauf anspreche. Also ein eher unbewußter Verhaltenskodex. Vielleicht will man es den jungen Leuten und den Unverheirateten nicht schwerer als nötig machen, denke ich mir.

Sicher hat aber auch die insgesamt sehr keusche Zurückhaltung in allen sexuellen Fragen damit zu tun. Eine Zurückhaltung, die keine Verklemmtheit ist. Den Bruderhöfen geht es um Reinheit und Keuschheit. Sexualität ist kein öffentliches Thema. Die Kinder werden erst kurz vor der Ehe „offiziell“ aufgeklärt, und auch in der Schule kommt das Thema Aufklärung kaum vor. „Die kleinen Kinder werden hier von Engeln gebracht“, erzählt mir meine Frau, nachdem sie einen Vormittag in der Pre-school verbracht hat.

Verhütungsmittel werden abgelehnt. Eberhard Arnold schien es barbarisch, auf diese Weise Leben zu verhindern: „Seelen warten vergebens darauf, aus der Ewigkeit gerufen zu werden“, schreibt er, auf die Verhütung bezogen, in seinem in den dreißiger Jahren erschienenen Buch „Innenland“. Aber Verhütung ist ja auch nicht nötig auf dem Bruderhof. Kinder sind erwünscht, große Familien haben Platz, und die Familien sind heil. Treue in der Ehe ist höchstes Gebot, und Scheidung kommt nicht in Frage. Eine heile, nicht verklemmte aber sehr zurückhaltende Atmosphäre herrscht in diesen Dingen. Nur — ein bißchen zärtlicher dürften sie schon sein, meint meine Frau.

Haushaltsversammlung, Gemeindestunde, Bruderschaft — so heißen die verschiedenen Treffen des Bruderhofs. Heute abend ist Gemeindestunde, eine Art Gottesdienst, an dem die Mitglieder des Hofes, ältere Jugendliche und eingeladene Gäste teilnehmen dürfen. Die Bruderschaft umfaßt nur den engen Kreis der Mitglieder, mal mit und mal ohne Novizen, die Haushaltsversammlung dagegen umfaßt alle Bewohner des Bruderhofes. Eine fein abgestufte Versammlungsstruktur also.

Zur Gemeindestunde sind auch wir eingeladen. Heute abend findet sie wegen des schönen Wetters — wie im Sommer fast immer — nach Art und Weise der Jugendbewegung oben auf dem Hügel am Rande des Dorfes statt, wo auch das Wasserreservoir gelegen ist. Hier hat man einen herrlichen Weitblick, das Auge schweift über die endlosen Wälder bis zu den Catskill-Mountains im Hintergrund.

Langsam füllt sich der Hügel. Die Alten des Hofes, die den steilen Weg herauf nicht mehr laufen können, werden mit dem Auto oder mit einem der vielen elektrischen Golf-Carts nach oben gebracht. In langen Reihen sitzen wir unter ein paar hohen Bäumen auf der Erde. Nur für die Alten sind ein paar Bänke aufgestellt. Die dicken Liederbücher werden verteilt, und alles sitzt in schweigender Ehrfurcht und sieht in die untergehende Sonne, die wie bestellt zu dieser Stunde herrliche orange-rote Strahlen wirft. Ein romantisches Plätzchen. Über uns leuchten die Sterne — elektrische allerdings, die gelb und sechszackig im Baum hängen und natürlich aus eigener Produktion stammen.

Vor mir steht der kleine Wagen aus dem Speisesaal, auf dem sich verschiedene Tonbandgeräte und Verstärkeranlagen sowie ein Telefon befinden. Gerade stöpselt Gary einige Stecker zwischen die Graswurzeln, und wenig später ertönt aus dem Baum über mir ein metallisches Knacken und Rauschen. Jawohl, auch draußen in der Natur hat man Gemeinschaft mit den anderen Höfen. Die Telefonleitung führt natürlich auch zum Berg hinauf, und die Predigt und Gottesdienstleitung kommt heute überhaupt vom Deer-Spring-Bruderhof hinübergerauscht.

Man weiß gar nicht so recht, wie man sich verhalten soll. Da ist auf der einen Seite der romantische Anblick lauter jugendbewegt bunter Kopftuch-Gemeinschaftler, die auf einem Waldhügel sitzen und in einen Sonnenuntergang der Extraklasse schauen. Da wird man ja richtig andächtig. Dazu die gesammelte Stille. Aber irgendwo hinter mir sagt einer immer „Pscht!“ Jetzt auch da rechts. Schon wieder „Pscht!“ Was soll denn das, es ist doch schon alles ruhig und andächtig! Ernster können die Gesichter doch gar nicht gucken!

Auf einmal sehe ich, wie sich neben mir meine Frau schüttelt und den Kopf nach unten beugt. Warum gniggert die denn jetzt rum? Das ist doch wirklich kein passender Augenblick? Peinlich, peinlich! Ganz verschämt sehe ich mich um, ob uns irgend jemand beobachtet hat. Aber da, schon wieder dieses „Pscht!“ Und jetzt sehe ich auch . . . Mensch, da will ja gar keiner zu noch mehr Andacht auffordern. Nein, das sind die treusorgenden Mütter mit ihrem respektlosen Mückenspray, die da ständig die andächtige Stille durchbrechen. Und ich war schon ganz eingeschüchtert!

Aber jetzt geht es los, und es ist ungestört romantisch. Kräftige, getragene Lieder werden gesungen. Von fern durch die Telefonleitung tönt die Stimme vom Diener am Wort in Deer Spring, der gerade einige passende Sätze von Eberhard Arnold vorliest. Einer von den Woodcrestern gibt Gedanken weiter, die ihm im Zusammenhang mit dem eben Gelesenen wichtig sind. Abendkühle, schöne Lieder, der Sonnenuntergang, andächtige Gläubige, die mit glänzenden Augen in die Waldesferne schauen — alles atmet Harmonie und Ruhe.

Ich kann gut verstehen, daß sie das genießen, muß ich denken. Aus solchen Stunden werden sie die Kraft zum Weitermachen geholt haben. Besinnung auf das Wesentliche, erlebte Gemeinschaft. Und trotzdem, diese Harmonie haben die Bruderhöfer nicht immer gehabt. Meine Gedanken wandern zurück . . .

10 Wüstenzeit

Wo lagen eigentlich die Ursachen der Krise, die die Gemeinschaft in den Jahren zwischen 1935 und 1962 erlebte? Die zunehmende Entfremdung von den Hutterern nach 1950 war ja nur ein Symptom. Die Krise der Bruderhöfe reichte viel tiefer, und ein Teil ihrer Gründe lag ja nur zu klar auf der Hand: Jemand mit geistlicher und menschlicher Autorität, eine große Identifikationsfigur, wie Eberhard Arnold es gewesen war, fehlte. Seine Söhne waren bei seinem Tod noch zu jung — und wuchsen auch später erst langsam in die Schuhe ihres Vaters hinein. Die, denen die Leitung der Gemeinschaft anvertraut wurde, stützten sich mehr auf ihre formale Position als auf ihre natürliche Autorität. Die hutterischen Strukturen taten hier ihren Dienst. Zu Beginn der fünfziger Jahre kam die Gemeinschaft aber auch äußerlich stärker zur Ruhe. Die Bedrohung war nicht mehr da, man hatte sich eingerichtet und den Kopf langsam wieder frei, um Neues angehen zu können — ein guter Nährboden für den Ausbruch vieler großer und kleiner Konflikte, die bisher verborgen oder zurückgestellt waren.

Ein wichtiger Grund für die Probleme lag auch darin, daß nach Arnolds Tod relativ viele neue Mitglieder zur Gruppe gestoßen waren, denen die selbstverständliche Identifikation mit Arnold und der Geschichte der Höfe fehlte. Mehr noch, auch das Programm und die Idee, die hinter der Person Arnolds standen, war ihnen wenig vertraut. Viele der in England Dazugekommenen waren Pazifisten. Sie wollten in der bedrängten Situation ihres Landes nicht einfach nur „Nein“ sagen, sondern suchten nach sinnvollen Lebensalternativen. Der Bruderhof mit seiner pazifistischen Einstellung und mit seinem Leben in Gemeinschaft, bei dem einer dem anderen diente, schien ihnen genau richtig zu sein. Die geistliche Motivation und die Verankerung ihrer Entscheidung im Glauben aber war bei ihnen oft weniger stark ausgeprägt.

Während es unter Eberhard Arnold immer eine gute Balance zwischen sozialer Arbeit, Pflege der Gemeinschaft, missionarischem Engagement und geistlichem Leben gegeben hatte, kam es in der neuen Zusammensetzung der Gemeinschaft immer mehr zu einer Schlagseite. Jesus Christus als zentrale Mitte, Entscheidungsfindung durch Befragen der Bibel und die Führung der Gemeinschaft durch den Heiligen Geist traten immer mehr in den Hintergrund. Statt dessen wurde die Gemeinschaft als solche immer mehr zu einem Ideal an sich. Immer weniger bestimmte die geistliche Einheit, der Konsens, den Kurs. Eine demokratische Mehrheitsfindung begann sich durchzusetzen.

Ein Zitat aus dem Werbeheftchen von 1952 belegt diese Schwerpunktverlagerung deutlich:

„Jeder kann Gemeinschaft leben – man muß es nur unbegrenzt wollen und sich der Gemeinschaft völlig hingeben! Gemeinschaft bedeutet Freiheit – Freiheit von Angst, Freiheit von Enttäuschungen, Problemen und Destruktivität, Freiheit vom Selbst. Gemeinschaft allein ist die wahre Berufung des Menschen, die Erfüllung seiner tiefsten Sehnsüchte.“

Das alte zerknitterte Werbeheftchen, aus dem ich diesen Satz hier zitiere, trägt eine später hinzugefügte handschriftliche Notiz irgendeines Bruderhöfers: „Das klingt, als ob das Wort ‚Gemeinschaft‘ das Wort ‚Jesus‘ als Mitte und Ziel des Lebens ersetzt hätte.“ Eine treffende Analyse — aber eine, die zu spät kommen sollte. Vorerst merkte kaum jemand, daß sich das Schiff der Gemeinschaft von seinem Anker losgerissen hatte.

Auch eine andere Entscheidung der Bruderhöfe symbolisiert die Veränderung des Kurses. Man wollte neue Mitglieder gewinnen, neue Kontakte machen. Um das zu erleichtern, war schon die Hürde der strengen hutterischen Formen gefallen. Nun aber ging es auch an Inhalte: Die eigentliche Mitte, der Glaube an Jesus Christus, verschwamm. Was nicht heißt, daß man aufgehört hätte, eine christliche Gemeinschaft zu sein. Aber der Schwerpunkt verlagerte sich unmerklich immer mehr von „christlich“ zu „Gemeinschaft“.

Für einen Außenstehenden ist es nach mehr als 25 Jahren Abstand außerordentlich schwer, Ursachen und Wirkungen zu trennen und einigermaßen zutreffend zu analysieren, was die Bruderhöfe wirklich in die große Krise bringen sollte. Zu viele kleine, unmittelbare Auslöser mischen sich mit langfristigen Trends, innere, geistliche Ursachen mit äußeren Umständen. Die Bruderhöfer selber sehen ihre Schwierigkeiten und Krisen rückblickend allerdings eigentlich immer wieder und ganz grundsätzlich aus der einen großen Ursache entstehend: dem Kampf zweier Geister, zweier Geisteshaltungen, zweier Atmosphären miteinander — der geistlichen und der menschlichen, der göttlichen und der widergöttlichen.

„Besonders stark ist dieser Kampf da, wo die Nachfolger Jesu durch Gottes Geist heute zu Gemeinschaften vereinigt werden, die durch ihr tat-sächliches Leben in aktivem Frieden, sozialer Gerechtigkeit und in der Freude seines

Geistes ein öffentliches Zeugnis der Entmachtung des Satans geben", — so schreibt es einer der ältesten Mitstreiter des Bruderhofs, Hans Meier.

„Wir sind gar nicht überrascht, daß ein solches Leben dauernd von außen und von innen durch Versuchungen angegriffen wird. Unser Leben bringt einen intensiven Geisteskampf mit sich, der von außen leicht als Macht- und Richtungskampf von Menschen mißverstanden wird. Dabei geht es aber gar nicht darum, welche Menschen Macht haben sollen, sondern welche Geistesmacht regieren soll!"

Wie wohl alle Bruderhöfer hat Hans Meier auch selber immer wieder erlebt, wie schwer es ist, seiner ursprünglichen Berufung treu zu bleiben. So sind denn mit Sicherheit hier auch die tieferen Ursachen aller — oft über Jahre nur verschleppter und schwelender — Konflikte zu suchen.

Zunächst aber sahen die Chancen für die Höfe nach dem Ende des Zweiten Weltkrieges sehr gut aus. In den USA begann eine starke Gemeinschaftsbewegung heranzuwachsen, die großes Interesse an überzeugenden Vorbildern hatte und dringend nach schon bestehenden Gemeinschaften suchte. 1952/53 wurden Heini Arnold, zweitältester Sohn Eberhards, und dessen Frau Annemarie in die USA geschickt, um dort auf das neu erwachte Interesse einzugehen. Mitglieder der Kingwood-Community und der Macedonia-Community interessierten sich stark für die Bruderhöfe und überlegten, ob sie sich anschließen sollten. 1953 war es dann soweit: Die Hälfte der Macedonia-Community und fast die gesamte Kingwood-Community kamen zum Bruderhof. Ein entscheidender Markstein für die Gemeinschaft — auch wenn das zu diesem Zeitpunkt noch niemand wissen konnte. Nach diesem

Ereignis lag es nahe, in den USA einen neuen Bruderhof zu gründen, zumal sich die Gemeinschaft in Paraguay ohnehin etwas isoliert fühlte und ständig weite Reisen nötig waren, um Kontakt zur USA oder zu Europa zu halten.

1954 wurde dann 150 Kilometer nördlich von New York „Woodcrest" gegründet — der Hof, von dem der Neuaufbruch der Gemeinschaft ausgehen sollte. Eine für die Rolle Woodcrests nicht zu unterschätzende Bedeutung hatte dabei die kleine Firma „Community Playthings", die von der Macedonia-Community gegründet worden war und nun in den neuen Bruderhof miteingebracht wurde. Zum erstenmal hatte man einen Betrieb, der sich in den Aufschwungjahren Amerikas sprunghaft entwickelte und den Bruderhöfen das brachte, was sie noch nie ausreichend gehabt hatten: Geld.

Schon bald kristallisierte sich Heini Arnold als der natürliche Führer des neuen Hofes heraus. Die Kontakte in den USA wuchsen. Konferenzen wurden auf dem Bruderhof abgehalten, und aus dem nahen New York kamen ständig Besucher. Besonders aus Quäkerkreisen und der „Church of the Brethren" schlossen sich neue Mitglieder an. Der jüngste Bruderhof entwickelte sich nach und nach zum lebendigsten Sproß unter allen anderen. 1955 waren schon 150 Leute in Woodcrest versammelt, davon 30 Mitglieder und 15 Novizen.

In die Zeit zwischen 1954 und 1957 fällt auch eine Episode, die die ohnehin nicht mehr warmen Kontakte zu den Althutterern zum völligen Ende kommen lassen sollte. Nach der Mithilfe von fünf jungen Zimmerleuten verschiedener althutterischer Kolonien bei einem Bauprojekt in Woodcrest äußerte die Kolonie in Forest River großes Interesse, sich den Bruderhöfen anzunähern. Schon dieser

Wunsch nach Kontakten zu den Bruderhöfen aber war nicht in einem Konsensbeschluß der im einsamen North-Dakota liegenden Kolonie gefällt worden — für hutterische Verhältnisse eine Unmöglichkeit, die ihre tiefsten Prinzipien verletzte. Die Bruderhöfe willigten in diese Annäherungswünsche ein, ohne das Einverständnis der althutterischen Ältesten zu bekommen. Einige Familien zogen zur Forest River-Kolonie, andere zogen von dort nach Woodcrest, und schon bald war man sich einig. Mehrere opponierende althutterische Familien verließen daraufhin Forest River unter Protest — und so war praktisch im Handstreich ein kompletter neuer Bruderhof entstanden. Eine unüberlegte und überhebliche Handlung, die zum endgültigen Bruch mit den Althutterern führte.

Aber auch in Paraguay zeichneten sich Veränderungen ab. Neue Bruderhöfe wurden aufgemacht — zuerst in Uruguay, dann auch in Deutschland. Natürlich hatten die Bruderhöfe sofort nach dem Krieg großes Interesse daran, wieder nach Deutschland zurückzugehen. 1955 bekam die Gemeinschaft in der Nähe des alten Rhönhofes ein Anwesen angeboten. Es entstand der Sinntalhof bei Bad Brückenau in der Rhön. Leiter war Hans Zumpe, der bisher einen der Höfe in Paraguay geleitet hatte. Aber auch andere Führungspersonen aus Paraguay zog es in den besiedelten Norden, in dem einfach mehr Interesse für die Gemeinschaft war und mehr Leben. Obwohl mit weit über 600 Menschen immer noch die absolute Mehrheit der Bruderhöfer in Paraguay lebte, wurde die Basis dort mehr und mehr geschwächt. Auch dies sollte später Bedeutung haben. Das Leben spielte sich immer mehr in den Randbereichen der eigentlichen Haupthöfe in Paraguay ab. Die Bruderhöfe dort merkten anfänglich kaum etwas von dieser Verlagerung. Später aber begann die Verwunderung zu wachsen, schließlich gab es deutlichen Unmut.

Auch in Forest River, der von den Hutterern „erbeuteten“ Kolonie, gab es Probleme. Es wuchs die Einsicht, daß dieses Handstreichunternehmen wohl doch nicht richtig gewesen sei. Überdies kamen die von Woodcrest dorthin gesandten Familien mit dem eintönigen Landleben in den endlosen Weiten der Prärie nur schwer zurecht. Man beriet sich mit den anderen Höfen und nach einer Neun-Hof-Konferenz in Paraguay, bei der die meisten Diener am Wort versammelt waren, gab man den Hof in Forest River an die Althutterer zurück und siedelte um: Zuerst lebten die rund 90 Menschen in einem gemieteten Hotel nicht weit von Woodcrest, dann fand sich unter großem Zeitdruck ein ehemaliges großes Hotel an einem See im Süd-Westzipfel Pennsylvanias: Der „Oak-Lake“-Hof entstand, später „New Meadow Run“ genannt. Viele der ehemaligen Althutterer aus North Dakota sind heute noch auf den Bruderhöfen dabei.

Aber das Jahr 1957 brachte noch weitere wichtige Ereignisse. Nach großem geistlichem Ringen schloß sich auch der Rest der Macedonia-Community an, die Firma „Community Playthings“ ging vollends in den Besitz der Bruderhöfe über. Auf der großen Konferenz in Paraguay — auf diese Weise zum letzten Mal als eigentliches Zentrum der Höfe anerkannt — beschäftigten sich viele der Zukunftspläne damit, einen Teil der dortigen Gemeinschaftler in die belebteren Zonen der Welt umzusiedeln, in denen sich auch der Unterhalt leichter verdienen ließ. Wieder gingen die Hauptimpulse von Woodcrest aus, und es scheint so, als ob sich die innere Führung nach diesem Treffen endgültig auf den Hof in der Nähe New Yorks verlagerte. Heini Arnold hatte dort zusammen mit einigen neuen amerikanischen Mitgliedern eine neue Vision entwickelt und wollte an die alten Tage der Gemeinschaft unter seinem Vater anknüpfen. Es galt, die alten geistlichen Wurzeln der Bewegung wiederzufinden.

Unter dem Eindruck, daß nur durch eine klare geistliche Haltung der Fortbestand der Höfe zu sichern sei, versuchte man auch in Woodcrest selber, eine Klärung herbeizuführen. Man erkannte, daß man zu viele Gäste und zu viele äußere Einflüsse zugelassen hatte. Der große Gästeverkehr hatte nicht nur positive Auswirkungen auf die Gemeinschaft. Die Nähe zu New York und eine völlig andere Gesellschaft mit ganz anderen Versuchungen und Schwierigkeiten als in Paraguay verlangte auch ein ganz anderes Verhalten, um die Identität als geistliche Gemeinschaft zu wahren. In einem Prozeß innerer Klärung versuchte man, wieder mehr Zeit und Energie auf die Pflege des eigenen geistlichen Lebens und die Klarheit der geistlichen Motive zu legen. Neugierige Besucher wurden weggeschickt und nur noch solche Menschen aufgenommen, deren geistliche Haltung eindeutig war. Man hatte gelernt aus den Fehlern der Vergangenheit.

1959 kam die lange schwelende Krise der Gesamtgemeinschaft voll zum Ausbruch. Lediglich der Woodcrest-Bruderhof blieb weitgehend von Schwierigkeiten verschont. Alle anderen Höfe fielen von 1959 bis 1961 in schwerste Krisen. Fast alle führenden Mitglieder und Diener am Wort legten das Amt nieder, wurden abberufen oder kamen in persönliche Krisen. Immer stärker schlugen diese Konflikte auch auf die breiten Schichten der Höfe durch. Die langsam erwachsen werdende Generation der Bruderhof-Kinder kritisierte die Haltung der Eltern, deren

Lebensstil und Gemeinschaftsideale ihnen nicht mehr überzeugend erschienen. Viele der Älteren wiederum kritisierten den Neuaufbruch der Gemeinschaft in Woodcrest und versuchten deren Vorwärtskommen zu hindern. Ganze Familien verließen den Hof aus Protest, andere wurden weggeschickt, um eine Erneuerung ihres Glaubens zu finden.

Auch auf dem 1958 eröffneten „Evergreen"-Bruderhof (später: Deer Spring) kriselte es. Dort hatten viele neue amerikanische Mitglieder eine Heimat gefunden. Ende 1960 wurde dieser Bruderhof zeitweise geschlossen, weil es über die Frage der Kindererziehung so schwere Auseinandersetzungen gab, daß ein weiteres Zusammenleben unmöglich wurde. Anfang 1961 erreichte dann die Krise in Paraguay ihren Höhepunkt. Die Gemeinschaft in Primavera brach buchstäblich zusammen. Alte Konflikte brachen neu auf, lang unterdrückte menschliche Schwierigkeiten kamen heraus, kaum einer hatte noch einen klaren Durchblick.

Im Februar sandte der Woodcrest-Bruderhof auf Einladung der südamerikanischen Höfe daraufhin eine Mannschaft unter der Führung von Heini Arnold nach Paraguay, die bei der Lösung der Probleme mithelfen und beraten sollte. Viele ernste Gespräche mit allen Mitgliedern folgten. Ein schwerer geistlicher Kampf tobte, der schließlich dazu führte, daß fast die Hälfte der über 540 Menschen auf den Höfen zeitweise weggeschickt wurde oder die Höfe von selbst verließ. Aber auch das war noch keine endgültige Lösung. In einem bestimmten Moment der Krisenzeit wurde die Bruderschaft deswegen einfach aufgelöst, da man keine Grundlage mehr für eine wirklich einige Bruderschaft sah. Sehr kurz nach dieser einmütigen Auflösung wurde aus dem Kreis der alten Mitglieder heraus dann eine neue Bruderschaft gegründet. Zwanzig, meist jüngere Leute bildeten so die Gruppe, mit der ein Neuanfang einsetzen konnte. Schon bald kamen viele der ehemaligen Gemeinschaftler wieder dazu. Ende 1961 war die Krise zu Ende. Alle Bruderhöfe in Südamerika waren aufgelöst, auch der neue Hof in Deutschland und einer der englischen Höfe existierten nicht mehr. Nahezu die Hälfte der Bruderhofgemeinschaft hatte die Bruderhöfe verlassen oder war weggeschickt worden. Der Rest der Mitglieder lebte in den drei amerikanischen Höfen und auf dem englischen Bulstrode-Hof, der allerdings 1966 aufgelöst wurde, weil man sich an einem Punkt, in den USA, sammeln wollte, um Einheit und Zusammenarbeit zu stärken.

Die Bruderhöfe waren durch ihre eigene Größe, durch Unüberschaubarkeit, getrennte Entwicklung und eine zu große Öffnung bei gleichzeitigem Verlust ihrer eigentlichen Identität in diese zahlenmäßig größte Krise ihrer Geschichte geraten. Aber ein neuer Anfang war gemacht. Man hatte wieder zurückgefunden zum alten urchristlichen Gemeinschaftsleben, die Mitte ihres Lebens war wiedergefunden: eine lebendige Beziehung zu Gott. 1962 wurde Heini Arnold zum Ältesten der drei Höfe, zum Vorsteher gewählt. Er, der die Bruderhöfe vor allen anderen aus dieser Krise geführt hatte, sollte sie von jetzt an in die Zukunft führen. Die Gemeinschaft war zur Vision ihres Gründers Eberhard Arnold zurückgekehrt. Eine neue, gesunde Vorwärtsentwicklung setzte ein, und bis 1963 kehrten über 200 der Ehemaligen auf den Bruderhof zurück.

Ein Erdbeben war durch die Bruderhöfe gelaufen. Erdrutschartig hatte sich alles verändert. Völlig neue, „alte" Maßstäbe galten wieder. Eine neue, „alte" Identität mußte gefunden werden, neue Einheit wurde gesucht. Jetzt ging es darum, die Gemeinschaft zu pflegen und geistlich neu aufzubauen. Wie eine vom Sturm geknickte Pflanze mußte sich die Gemeinschaft erholen und neue starke Wurzeln und Triebe entwickeln, ehe sie wieder tragfähig für äußere Einflüsse wurde.

Die konsequente Folge war eine starke Abschottung von der Außenwelt. Nahezu alle Kontakte zu anderen Gemeinschaften wurden gelöst, die Mitarbeit in sozialen Gruppen und Bewegungen eingeschränkt. Nur Konzentration auf das Wesentliche konnte jetzt weiterhelfen. Diese Situation erklärt auch die starke Fixierung auf die Lehren und Gedanken Eberhard Arnolds, die noch heute jeder Besucher sehr schnell merkt. In einer Gegenreaktion auf Krisen und falsche Wege, die mit der Zurückweisung Arnolds und seiner Gedanken begonnen hatte, stürzte man sich jetzt um so mehr auf sein Erbe und fing an, es systematisch zu erforschen und auszuwerten. Bücher mit seinen Predigten wurden herausgebracht. Seine Tischreden, die häufig mitstenografiert worden waren, wurden jetzt nach fast dreißig Jahren übertragen und ins Englische übersetzt, Briefe und Tagebücher wurden ausgewertet.

Auch der Weg zu den Hutterern wurde erneut angebahnt. Hier hatte man ja ein Stück Festigkeit, Gemeinschaftserfahrungen, die lange zurückreichten. Das genau war jetzt wichtig für sie. Diese Kontakte mußten wieder neu aufgebaut werden. 1964 gab es einen ersten Versuch der Versöhnung mit den hutterischen Brüdern. Eine Reise nach Manitoba wurde unternommen und für die Übernahme der Forest-River-Kolonie um Vergebung gebeten.

Eine der wenigen Initiativen, die der Bruderhof in dieser Zeit außerhalb der Gemeinschaft aufgriff, war die Unterstützung Martin Luther Kings. Mehrere Gemeinschaftler fuhren in den Süden der USA und marschierten in den Friedenszügen des schwarzen Bürgerrechtlers mit.

Aber noch immer war keine endgültige Ruhe eingekehrt. Lediglich die finanzielle Lage sah gut aus. Community Playthings wuchs und gedieh. Erst 1967, nach der Schließung des letzten englischen Hofes, kann man wohl von einem endgültigen Zurruhekommen der Höfe sprechen. In den drei Höfen der USA hatte man nun guten Kontakt und konnte gemeinsam etwas Neues aufbauen. Immer noch kamen ehemalige Bruderhöfer zurück und wurden als ganz normale Mitglieder mit allen Rechten und Pflichten erneut aufgenommen.

Gemeinsame Konferenzen wurden abgehalten. Auf einem dieser Treffen aller Höfe wurde 1971 beschlossen, zum ersten Mal seit der großen Krise einen neuen Hof aufzumachen. Wieder ging der Weg zurück nach England, wo seit 1971 der Darvell-Bruderhof in East Sussex existiert. Auch verstärkte Kontakte zu den Hutterern zeichneten sich ab. Älteste und Prediger der Kolonien besuchten sie. Im Februar 1974 war es dann wieder soweit: Die hutterischen Brüder nahmen die Bruderhöfe erneut in ihre Gemeinschaft auf. Heini Arnold hatte stellvertretend und in großer Demut um Vergebung für alle trennenden und verletzenden Schritte der Vergangenheit gebeten, und die hutterischen Brüder im Westen boten eine erneute, vollkommene Vereinigung an. Kopftücher und hutterische Tracht hielten wieder Einzug in die Höfe.

Viel größer aber als diese äußeren Veränderungen war die innere Bedeutung dieser Wiedervereinigung. Man hatte wieder Anschluß gewonnen an den jahrhundertealten Strom des Huttertums, an die Brüder, deren Glauben und

Leben ihnen am nächsten standen. Der Wille zur Gemeinschaft hatte gesiegt über die ständig bohrenden Kräfte, sich im Individualismus und in der Vereinzelung zu verlieren. Die Höfe hatten damit aber auch zurückgefunden zur alten Vision Arnolds, der für den Anschluß an die Hutterer soviel Kraft und Zeit eingesetzt hatte. Der Geist Gottes, der zusammenbringen und vereinen will, hatte gesiegt.

Immer wieder einmal gab es seitdem größere und kleinere Krisen. Aber die Gemeinschaft als Ganzes geriet dadurch nicht mehr in Gefahr. Auch die relative Abgeschlossenheit gegenüber der Umwelt wurde nach und nach wieder gelockert. Kontakte zu anderen Gemeinschaften begannen neu, Reisen und Besuche wurden gemacht. Eine Gefängnisarbeit wurde angefangen.

Am 23. Juli 1982 starb dann Heini Arnold, jener Sohn Eberhards, der die Höfe in die Spuren seines Vaters zurückgeführt und auch die Wiedervereinigung mit den Hutterern betrieben hatte. Auch dieser Verlust war nicht leicht zu verschmerzen. Heinis Sohn Christoph wurde vorläufig als neuer Ältester eingesetzt und 1983 in seinem Amt bestätigt. Wieder gab es die eine oder andere Krise im Leben der Höfe. Wieder mußten Macht- und Herrschaftsstreben bekämpft werden. Aber der unter Heini Arnold eingeschlagene Kurs der inneren Festigung und langsamen Neuöffnung nach außen setzte sich fort. Ständig geht es für die Gemeinschaft darum, ein einheitliches und klares Zeugnis zu geben, saubere Motive zu behalten, den Lebensstil zu korrigieren, sich täglich neu Gott und einander auszuliefern. Ende 1983 beschlossen die Höfe, ihren Lebensstandard herunterzusetzen, um mehr Mittel und Kraft freizuhaben, sich nicht an den Erfolg der gut laufenden Firma zu binden und erneut nach außen zu dringen mit ihrem Lebenszeugnis.

Wer die Geschichte der Bruderhöfe auf diese Weise kennengelernt hat, der sieht, daß letztlich niemand auf den Bruderhöfen vorauszusagen weiß, wie ihre Zukunft aussehen wird. Werden sie eines Tages nach Deutschland zurückkehren? Werden neue Krisen die Höfe erschüttern? Menschliche Kraft ist nicht verläßlich und menschliches Wollen nicht ausreichend, um dauerhaft neue Wege zu gehen. Zu weit in die Zukunft mag man deswegen nicht vorausdenken, wo es doch in erster Linie gilt, das Heute zu meistern. Veränderungen gehen schnell vor sich auf dem Bruderhof. Eine Gemeinschaft unterwegs durch die Geschichte — viele hundert einzelne Willen und Leben gilt es da zu einem Willen zu formen, einen Weg gemeinsam zu finden. Wer weiß schon, wo man da morgen sein wird?

Wer einen Bruderhof besucht, wird wenig von diesen Krisen oder Problemen merken. Die Bruderhöfer gehen nicht mit ihren Problemen hausieren. Auch über die Schwierigkeiten in ihrer Geschichte sind die Hutterer nicht gerade gesprächig. Dieses Buch ist die erste Veröffentlichung, die derart deutlich und mit der Unterstützung der Gemeinschaft über die verschiedenen geschichtlichen Hintergründe der Höfe redet. Auch hier ist manches sehr allgemein gefaßt, viele Einzelheiten und Namen, viele Themen und Probleme sind nicht angeschnitten worden oder bewußt zurückgehalten. Und das hat seinen Grund:

Wenn so etwas wie Vergebung funktionieren soll, dann muß „vergeben“ auch „vergessen“ heißen. Immer wieder im Versagen einzelner herumrühren, alte Schuld aufdecken, Brandmale früherer Fehler sichtbar zu machen, würde keine Gemeinschaft aushalten. Neue Wege können nur beschritten werden, wenn alte Verhältnisse völlig bereinigt sind. Deswegen heißt Vergebung auf dem Bruderhof auch volles Wieder-An-und-Aufnehmen, nicht schief angesehen werden, Gleicher unter Gleichen sein.

Fast jeder hat es ja schon erlebt, daß er selbst Probleme hatte, die Gemeinschaft zeitweise verlassen mußte, sich selbst schwere Fehler einzugestehen hatte. Diener am Wort, Stewards, Arbeitsverteiler, Hausmütter, Lehrer, Büroleute — sie alle sind schon von ihrem Posten abgesetzt worden, weil sie versagt haben oder falsche Wege gegangen sind. Aber sie alle sind auch wieder angenommen worden, nachdem sie ihre Fehler eingesehen hatten. Immer wieder gewinnen menschliche Verhaltensweisen, Neid, Egoismus, Eifersucht und Machtstreben die Herrschaft über eine geistliche Sicht der Dinge. Immer wieder aber bringt Umkehr und Vergebung zurecht. Wenn es dieses spezielle „ökologische“ Gleichgewicht nicht gäbe, würde die Gemeinschaft sehr schnell sterben. Weil so aber jeder um seine Schwäche und Gefährdung weiß, um sein eigenes Versagen, seine eigene Umkehr, deswegen werden alte Fehler auch bei anderen vergessen und möglichst nie wieder hervorgekramt — deswegen aber ist es auch für jeden Berichterstatter schwer, eine exakte Geschichte dieser Gemeinschaft zu schreiben. Neugierige werden nicht auf ihre Kosten kommen — weder durch einen Besuch auf dem Bruderhof noch durch dieses Buch. Und das ist gut so — und hat seinen Sinn sicher auch für alle, die nicht auf einem Bruderhof oder in einer Gemeinschaft leben.

11 Die Schlange vor dem Mutterhaus und das Faß der Versuchung

„Do you have Spießbraten in Germany?“ ist seit einigen Tagen die häufigste Frage, die mir — stets augenzwinkernd — gestellt wird. Wenn ich dann zustimmend antworte und dabei immer wieder erkläre, daß ich natürlich Spießbraten kenne, weil das doch ein deutsches Wort sei, werde ich immer ganz ungläubig angeschaut. Spießbraten — das scheint zur Zeit Inbegriff aller Vorfreude und Festlichkeit auf dem Hof zu sein. Spießbraten — den gibt es auf dem alljährlichen Sommerfest unten am See, dem gesellschaftlichen Höhepunkt des Sommers, wenn man so will. Die allseitige Vorfreude läßt natürlich auch unsere Erwartungen steigen. Sommerfest bei den Hutterern — was hat man sich darunter vorzustellen?

Offensichtlich hat es diesmal auch etwas mit der Heimkehr des Ältesten Christoph Arnold zu tun, der heute von der Taufe in England nach Hause kommen soll. Eine Wiedersehensfeier also. Festlich, wie das Bruderhofleben nun einmal ist, steht aber auch hier vor der großen Feier erstmal noch eine kleine Feier — denn zuerst gilt es ja zum unmittelbaren Empfang zu rüsten. Feier Teil I steht an.

Langsam wissen wir schon, wie so etwas vor sich geht. Der Fahrer, der Christoph und seine Frau Verena vom John F. Kennedy Airport abgeholt hat, wird kurz hinter New Paltz stoppen, ans Telefon gehen und die nahe Ankunft durchgeben. Alsdann wird wahrscheinlich per

Telefon-Rundruf der ganze Betrieb des Hofes lahmgelegt werden und man wird sich versammeln: Die Männer aus dem Shop unten an der Kurve, Frauen, Kinder und Büropersonal weiter oben im Dorf entlang der Straße. Lieder werden gesungen werden, Hände werden winken ... und diesmal wird alles sogar besonders festlich.

Als wir um halb vier die Stufen vom Archiv heruntergehen, ist draußen schon alles versammelt. Die meisten haben ihr traditionelles Bruderhofblau an, die Kinder wedeln mit selbstgebastelten Fahnen, die Vorschule hat ein riesiges Transparent gemalt, das die gesamte Kurve in der Ortsmitte einnimmt. Die Bruderhöfer stehen so dicht, daß man schon den Hals recken muß, um die beiden zu sehen. Ja, und da scheinen sie tatsächlich zu kommen. Der altvertraute Dodge rollt langsam die Straße herauf. Lieder erklingen, die Fahnen mit dem gelb-orangenen „Sannerz"-Sonnherz, dem Wahrzeichen der Höfe, schalten auf volle Touren, blaue Hemden drängen zur Straße, die sonnherzgeschmückten Brusttaschen vorgestreckt.

Was von außen aussieht wie ein x-beliebiger Menschenauflauf, ist in Wirklichkeit echte Freude und innere Anteilnahme an der Rückkehr eines Bruders samt seiner Frau. Ein ganz normaler Hutterer in Jeans, Turnschuhen, Hosenträgern, Bart und Krankenkassenbrille, ein Bruderhöfer wie du und ich sozusagen. Da wird sich umarmt und Hände geschüttelt, und der Tag hat wieder einmal seinen Höhepunkt gehabt. Woodcrest ist wieder komplett!

Christoph Arnold ist seit April 1983 Ältester der vier neuhutterischen Bruderhöfe. Ein junger Ältester, irgendwo zwischen 40 und 50 schätze ich ihn. Eine gute Leitung ist wichtig, das haben die Höfe in den bewegten Jahren ihrer Geschichte erkannt. Ein Ältester für alle Höfe kann mehr zu einer gemeinsamen Entwicklung und zu einem Leben in geistlicher Einheit beitragen als vier gleich „starke“ Älteste in vier sich unterschiedlich entwickelnden Höfen. Seit der Einsetzung Heini Arnolds 1962 hat man an dieser Stelle Lehren aus der eigenen Geschichte gezogen. Es geht nicht um Herrschaft oder Machtausübung bei diesem Ältestenamt. Der Älteste ist Erster unter Gleichen, beauftragt mit der Führung der Höfe, mit ihrer Vertretung nach außen, mit dem Einhalten der selbstgesteckten Ziele. Genauso wie ein Ältester von allen bestimmt und bestätigt werden muß, ist er auch wieder abwählbar, wenn man meint, daß er seinem Amt nicht gerecht wird.

Aber der Älteste ist nicht der einzige, der auf den Bruderhöfen mit Führungsaufgaben betraut ist. Es gibt eine ganze Leitungsstruktur. Jeder Hof hat zwei, drei oder vier „Servants of the word“, „Diener am Wort“, eine Art Pastorenamt also mit sehr umfassenden geistlichen und seelsorglichen Aufgaben. Neben diesen Servants — im alltäglichen Leben des Hofes die höchste Instanz — gibt es noch etwa sechs „Witness-Brothers“, „Zeugnisbrüder“, Männer allzumal, die den Servants zuarbeiten und verschiedene Leitungsfunktionen mitausüben. Den sechs Witness-Brothers stehen auf weiblicher Seite wiederum etwa sechs „House-Mothers“, Hausmütter, gegenüber, die — oft Ehefrauen der Servants — das haushalterische, praktische Leben des Hofes regeln und leiten und Seelsorgeaufgaben bei den weiblichen Bruderhofmitgliedern übernehmen.

Sind diese vorgenannten Ämter meist sowohl geistlich als auch praktisch, beschränken sich Leitungsaufgaben wie „Steward“ und Arbeitseinteiler auf mehr praktische Dinge. Der Steward fungiert als eine Art Geschäftsführer, der Arbeitseinteiler als „Personalchef“. Jeder Arbeitsbereich —

Shop, Küche, Archiv, Verlag — hat dann wiederum seinen Abteilungsleiter, der für die innere Organisation seiner Abteilung zuständig ist. Trotz einer solchen organisatorischen Hierarchie steht man sich natürlich immer als Mitbruder und Mitschwester gegenüber, mit denen man zuerst einmal geistlich umgehen will, nicht funktional.

Aber Bruderhöfer sind normale Menschen — deswegen kommt es hier auch immer wieder einmal zu Reibereien oder Unzufriedenheit. Daß Führung sein muß, ist allerdings unumstritten und durch das Zeugnis des Neuen Testaments, der hutterischen Brüder und nicht zuletzt durch die Erfahrungen der eigenen Geschichte für alle einsichtig bewiesen. Eine Gemeinschaft ohne Führung funktioniert nicht, sagen die Bruderhöfer, Führung ohne wirkliche Gemeinschaft aller miteinander allerdings auch nicht. Deswegen will hier auch nicht einer über den anderen herrschen, sondern sie alle zusammen wollen sich beherrschen lassen von den Aussagen der Bibel und vom Geist Gottes. Die Leitungsstruktur des Hofes soll deswegen auch lediglich diesen gemeinsamen Wunsch im Auftrage aller überwachen, fördern und der Gemeinschaft helfen, sich einen Weg durch die Geschichte zu bahnen. Man kennt seine eigene Schwäche, sein Wollen und Nichtwollen und ist deswegen offen für Ermahnung und kritisches Zurechthelfen auf dem bewußt einmal eingeschlagenen Weg. Führung auf dem Bruderhof hat nicht den negativen Beigeschmack von weltlicher Hierarchie und Machtausübung, sondern ist eine simple Konsequenz des gegenseitigen Eingeständnisses menschlicher Unzulänglichkeit.

Die Heimkehr Christoph Arnolds sollte für uns nicht der einzige Höhepunkt des Tages bleiben. Wir erleben gleich noch ein Ereignis, das angesichts des reichen Kindersegens der Bruderhöfe für die Gemeinschaftler selber möglicherweise fast schon so etwas wie angenehme Routine geworden ist. Nach dem Abendessen nimmt uns Winifred beim Arm und bugsiert uns in den Strom der Bruderhöfer, die auf das sogenannte „Mutterhaus" zusteuern, einem mittelgroßen Gebäude an der linken Seite des Hofes. Das Mutterhaus ist so etwas wie Krankenanstalt und Wochenstation in einem. Hier liegen jene Bruderhöfer, die schwerer erkrankt sind und intensive Pflege brauchen. Hier sind aber auch die gerade aus Kingston von der Entbindung zurückgekehrten Mütter und Neugeborenen untergebracht — samt dem Ehemann, und das gleich für zwei Wochen. So hat die Familie Ruhe und Zeit, um sich an das neue Miteinander zu gewöhnen und ganz auf den kleinen Sprößling zu konzentrieren. Eine echte Bruderschaft, geboren aus den Erfordernissen des Hofes, in dem der laufende Betrieb ständig weitergehen muß und wo das Mutterhaus zu einer kleinen Enklave der Ruhe wird.

Damit die Ruhe im Mutterhaus auch erhalten bleibt, sind wir gerade in dieser Prozession unterwegs, lasse ich mir von Winifred erklären. Denn natürlich wollen alle Bruderhöfer den allerjüngsten Mitbewohner einmal sehen und überprüfen, wem er wohl ähnlich sieht, ob er schon Haare auf dem Kopf hat und auch sonst rund, dick und gesund ausschaut. Bei vierhundert neugierigen Besuchern würde das natürlich ein stetes Kommen und Gehen verursachen, und deswegen legt man einen zentralen Besichtigungstermin fest.

Könnte man doch vertonte Bilder schreiben . . . Denn was uns da am Mutterhaus erwartet, kann man wieder einmal kaum in Worten beschreiben. Man stelle sich die laue Sommerabendluft des Bruderhofs vor. Hohe Bäume, sanfte Abenddämmerung, Grillenzirpen und vorbeischwebende Glühwürmchen. Und dann diese himmlischen Engelschöre! Jawohl, Engelschöre! Denn als wir am Mutterhaus ankommen, sehen wir die Geschwister in langer Reihe vor dem Frontfenster des Hauses anstehen und hören sie mal wieder singen. Und wie sie wieder singen! Wiegenlieder süßester Provenienz! Und das unter dem lauen Sommerabendhimmel — die Jugendbewegung läßt grüßen, ein Bild wie frisch aus der „Gartenlaube" herausgeschnitten.

Und ich stehe mittendrin, drängele mich langsam in der Schlange mit, bis auch ich in den richtigen Blickwinkel zum Schaufenster vorgerückt bin. Und wenn hier draußen schon Jugendbewegung war, dann ist dort drinnen mindestens Biedermeier: Da steht die Familie, die blühende Mutter, der stolze Vater, die verlegen stolzen Geschwister. Wie lebendige Schaufensterpuppen stehen sie und nehmen die Ovationen entgegen. Kerzen brennen auf hohen Ständern, die Geschwister und das Neugeborene haben lange, weiße Hemdkleider mit kunstvoller Stickerei an, das Baby trägt einen Blumenkranz, das Ganze ein Gruppenbild aus Uromas Fotoalbum. Disneyland und Jugendbewegung feiern Hochzeit. Aber schön ist es, berührend, fremdartig-vertraut, heil.

Mit dem Samstagmorgen dämmert auch der große Festtag herauf. Danni ist schon früh am Tag eifrig dabei, die vom Steward frisch angelieferten Fleischmengen in echten Bruderhof-Spießbraten zu verwandeln. Spießbraten in Woodcrest, das ist natürlich etwas anderes, als wenn die Hausfrau am heimischen Grill ihren Zweipfünder brutzelt. So einfach und bescheiden man hier auch sonst speist, beim Sommerfest darf auch mal richtig geschlemmt werden. Der Bruderhof-Grill hat denn auch Gemeinschaftsmaß: Ein alter Zehntausend-Liter-Öltank ist von den findigen Metallwerkern des Hofes der Länge nach durchgetrennt worden und dient jetzt, als große Wanne auf einem Traktoranhänger montiert, als fahrbare Spießbraterei. Mit Abfallholz aus der Werkstatt hat man ein zünftiges Höllenfeuer entfacht, und als wir am frühen Nachmittag unten am See eintreffen, weht schon ein würziger Duft über den See, an dem das Sommerfest traditionellerweise stattfindet.

Nach und nach trifft der ganze Hof ein. Die Alten werden per Pferdewagen heruntergefahren, die Jungen wandern zu Fuß. Um den See herum sieht es aus wie im Freizeitpark. Jung und Alt hat sich gelagert. Auf dem Steg überbrücken ein paar Opas mit ihren Enkeln die Wartezeit beim Angeln. Links vom See räuchert der Grill vor sich hin. Eine große Plastiktonne mit Eiswasser steht zur ersten Erfrischung gleich daneben, und Dick, Don und Danni laden uns erstmal zum Vorkosten ein. Zufrieden stehen sie dabei und lassen sich Komplimente über den Geschmack des nach paraguayischer Art zubereiteten Fleisches machen.

„In Paraguay haben wir den Braten immer in einem großen Erdloch gegrillt“, erzählt uns Danni. Aber nicht nur das Fleisch kann vorgekostet werden.

„Möchtet ihr ein Bier?“ fragt uns Dick mit verschmitztem Augenaufschlag.

„Jaa, habt ihr denn Bier?“

„Kommt mal mit“, wird uns grinsend erwidert. Und tatsächlich: Nicht weit vom großhutterischen Grill entfernt im schützenden Dickicht des Waldhanges steht einsam und verschwiegen ein Bierfäßchen. Angezapft ist schon.

„Also, wir haben das natürlich nicht gerade versteckt, es ist nur wegen der Kinder. Die müssen das ja nicht unbedingt sehen. Sie sollen nicht verführt werden", beeilen sich die drei zu erklären.

Mittlerweile hat man angefangen zu spielen. Die älteren Kinder auf der einen Seite des Sees, die jüngeren samt Eltern und Großeltern auf der anderen. Im großen Kreis spielt man „Plumpsack geht rum" auf hutterisch, also gleich mit mehreren fallengelassenen Tüchern und Rennern.

Irgendwann, nachdem der erste Vorrat an Spielen sich erschöpft, der Übermut der Kinder sich abgekühlt und jeder seinen „Fun" gehabt hat, schließen sich die Reihen zu einer riesigen Polonaise rund um den See. Die ganze Gemeinschaft marschiert Hand in Hand um das Wasser und schafft es auch — 400 Mann —, die Kette einigermaßen zu schließen. Der Teich ist umzingelt.

Langsam ist dann auch die Zeit gekommen, wo man an die leibliche Stärkung denken darf. Also lagert sich alles wieder im großen Kreis, es wird gesungen, und dann darf angestanden werden zum Essenfassen. Auf großen Tischen lagern die angebotenen Köstlichkeiten. Jeder bekommt seinen Anteil vom Spießbraten, Fruchtpunsch, Salat, Brötchen, Würstchen, Erdbeeren mit Sahne und, und, und. Ab und zu verschwindet mal einer der gestandenen Männer im Wald, wo das „Faß der Versuchung" steht, und holt Nachschlag — in Maßen allerdings. Ein Fäßchen für hundert Männer, das ist wirklich „just for fun".

Ich sitze im Kreis und schaue mich um. All diese Gesichter sind mir mittlerweile vertraut. Von vielen kenne ich den Namen, besonders die Älteren sind mir bekannt. Menschen, die ganze Romane von Lebensgeschichte in sich tragen. Rechts von mir sitzen Trudi und Walter. Trudi, eine, die fast von Beginn an dabei war. Irgendwann Anfang der Zwanziger kam sie als Lehrerin zum Bruderhof in Sannerz. Sie ist das wandelnde Geschichtslexikon der Gemeinschaft, kennt alle Jüngeren genau, hat schließlich viele von ihnen einmal unterrichtet.

Links daneben Walter, ihr Mann, ein gemütlicher Schweizer. Sein Weg zum Bruderhof begann damit, daß er als Kind auf dem Züricher Bahnhof die Gefangenenzüge mit den verletzten Soldaten des Ersten Weltkriegs gesehen hat und das Stöhnen und Schreien der Verwundeten bis zu seinem Haus hinüber hörte. Das hat er nie vergessen. Krieg sollte keine Möglichkeit sein für ihn. In einer Quäkergemeinde in Paris fand er dann später einen Artikel über Eberhard Arnold und die junge Gemeinschaft in Sannerz, ging auf Wanderschaft, um die Volkshochschulbewegung in Schweden kennenzulernen und blieb unterwegs in Sannerz hängen. Geschichten, Geschichte!

Schräg gegenüber sitzen Franzi und ihr Mann. Er ein geborener Schotte, sie österreichische Jüdin. Dick war mal sechs Jahre zum Studium im katholischen Priesterseminar, brach die Ausbildung ab, verbrachte den Krieg als Straßenkehrer in Edinburgh und fand dann zum Bruderhof. Franzi flüchtete damals mit Hilfe ihrer Freundin, einer Tochter Sigmund Freuds, aus Wien, ist eine energische, kluge und agile Persönlichkeit, hat gerade Schreibmaschine gelernt und arbeitet jetzt im Archiv mit. Eine der vielen „Grandmas" am Computer, die hier auf ihre alten Tage noch einmal in die moderne Technik einsteigen.

Neben ihnen noch eins dieser urigen alten Paare, die sich alle auf dem Bruderhof kennengelernt haben und die besondere Würze dieser Gemeinschaft ausmachen: Josef und Ivy Stängl. Er ein alter Bäckerbursche aus Bayern, sie eine grazile Französin, der man den südländischen Charme noch heute abspürt. Josef hat den Bruderhof auf der Wanderschaft kennengelernt.

„Die meisten Wanderburschen wie ich sind damals nur einen Tag geblieben, weil die Verpflegung so schlecht war!"

Josef aber hatte die Natürlichkeit, Offenheit und Ehrlichkeit und die Ausstrahlung Eberhard Arnolds gepackt. Wohl fand er das Essen auf der Rhön, verglichen mit dem, was er sonst sogar auf der Landstraße bekam, „terribel", aber da konnte er als gelernter Bäcker ja einige wichtige Hilfen einbringen. Erst wollte er nur kurze Zeit bleiben, dann länger, schließlich blieb er ganz. Die Gemeinschaft hatte ihren Bäcker.

Ivys Vater war Pazifist, Mediziner und Abenteurer und ein großer Freigeist obendrauf. Als Schotte ging er freiwillig nach Frankreich, um etwas für die Völkerverständigung zu tun. Schon als Kind gehörte Ivy zu einer Jugendgruppe, die man mit dem deutschen Wandervogel vergleichen konnte. Auf den Bruderhof stieß sie dann rein zufällig durch einen Artikel in der „Times".

Aber auch die jüngere Generation repräsentiert Geschichten. George erzählt davon, wie er als Freiwilliger der US-Army nach dem Krieg auf den Philippinen viel Böses mitgemacht hat. Er erzählt von den zerstörten Städten dort, von der Armut und wie er an den Müllkippen der Stadt hat Wache stehen müssen, damit die hungernden Kinder dort nicht klauten. Eines Tages wurde dabei ein Kind erschossen. Das hat ihn zum Pazifisten gemacht. Er hat dann mehrere Gemeinschaften erprobt, überall ist es nichts geworden, bis er schließlich über die Macedonia-Community nach Woodcrest gekommen ist.

Da ist Carroll, der in seinem Bundesstaat mal Abgeordneter war, da ist Doug, der als Wehrdienstverweigerer im Zweiten Weltkrieg im Gefängnis gesessen hat, Dick, der mit seiner Frau wenige Jahre nach dem Krieg auf der Suche nach Versöhnung mit dem Fahrrad durch das zerstörte Deutschland gefahren ist. Nach ihrer Heimkehr zogen die beiden dann auf den Spuren Thoreaus in den Wald, bauten sich eine Blockhütte und lebten insgesamt vier Jahre dort. Später fanden sie über verschiedene andere Gemeinschaften zum Bruderhof.

Oder ich denke an Charles, den wir auf dem Deer-Spring-Bruderhof treffen. Durch seinen Bruder kam er zu Besuch auf den Cotswoldhof in England. Die Leute dort waren so freundlich und herzlich, daß er beim Abschied in Tränen ausbrach, weil er so etwas noch nicht erlebt hatte.

„Ich bin ein Typ, der seine Gefühle nicht so zeigt", erzählt er.

„Aber das hat mich so überwältigt, daß mir der Bruderhof keine Ruhe gelassen hat. Ich bin immer wiedergekommen."

Schließlich schloß er sich an und brachte erstmal die „jugendbewegte" Buchführung des Hofes in Ordnung.

„Menschenskinder, diese Buchführung, alles durcheinander, alles durcheinander!" erzählt er mir in seinem herrlich englisch gefärbten Deutsch und kann sich heute noch, vierzig Jahre später, gar nicht beruhigen darüber.

Oder da ist der ehemalige Pastor aus einer Brethren-Church, den ich auch in Deer Spring treffe.

„Ich bin es einfach leid gewesen, immer wieder Christen

davon zu überzeugen, daß sie richtige Christen sein sollten." Zusammen mit seiner Frau verließ er seine Kirche, kam auf den Bruderhof — und arbeitet jetzt in der Holzwerkstatt.

Menschen auf dem Bruderhof, Geschichten, Schicksale, Wendepunkte. Menschen — das ist der eigentliche Reichtum hier. Menschen, die etwas für ihren Glauben gewagt haben, die sich über Konventionen und Karriere hinweggesetzt haben, um zu leben wie die ersten Christen.

All diese Gesichter um mich herum. Ich weiß manches von ihnen und noch so wenig. Kenne ihre Bekehrungsgeschichten, aber wenig von ihren unmittelbaren Problemen und Schwierigkeiten. Sie sind mir vertraut und leben doch in einer ganz anderen Welt, die nicht meine Welt ist. Könnte ich so leben? Will ich so leben?

Um mich herum geht das Fest weiter. Wir singen mal wieder. Lieder der Jugendbewegung, die bei uns durch die Nazizeit in Verruf und durch Heino meist endgültig ins Abseits geraten sind. Hier werden sie unbelastet von allen Assoziationen mit Freude und stets vierstimmig geschmettert. Die Geschichte der Bruderhöfe zeichnet eine gerade Linie vom 1922er „Frühtau zu Berge" bis zum 1984er „Und wieder blühet die Linde". HJ-Pimpfe und Heino existieren nicht für sie, die Jugendbewegung lebt.

Kaum gedacht, steht auch schon jemand auf und erklärt, daß sie früher auf der Rhön ja stets Sonnenwendfeuer gebrannt und Feuerlieder gesungen hätten und dazu durch die Flammen gesprungen seien. Einer der Männer geht auf die andere Seite des Sees und entzündet einen großen Holzstoß. Schon werden die speziellen „Feuerlieder-Liederbücher" ausgeteilt, und die ganze Gemeinschaft marschiert zum anderen Ufer, nimmt im Kreis Aufstellung und singt Feuerlieder aus der Jugendbewegung. Die Flammen schlagen hoch, und langsam sinkt der Holzstoß in sich zusammen.

Zum endgültigen Abmarsch wird dann auf ungewöhnliche Weise geblasen: Sechs oder acht Shalomburschen kommen mit großen Fackeln in der Hand zum Feuer, entzünden sie und marschieren dann vorweg, den Weg durch den Wald und am Kornfeld entlang, zurück zum Hof. Das Fest ist zu Ende, und die lange Kolonne der Gemeinschaftler zieht in einer bunten Prozession nach Hause. Schön sieht es aus, vorne die flackernden Fackeln in der Dämmerung, hintendran der lange bunte Zug von Alt und Jung . . .

12 Bilanz ohne Abschluß

Nicht nur Feste gehen zu Ende. Auch unsere Zeit auf dem Bruderhof wird bald vorüber sein. Ähnlich wie bei den Hardings vor ein paar Tagen werden auch wir wohl einen Abschied bekommen, der schon fast an einen Bestechungsversuch grenzt, wiederzukommen oder am besten gleich dazubleiben. Das halbe Dorf wird zusammenströmen, Lieder werden gesungen werden, wieder werde ich schwarzen Kopftüchern die Hände schütteln, stoppelige graue Bärte umarmen, die Autotüren werden zuklappen und das wehmütige Abschiedslied „Till we meet again" wird mir bestimmt einen Kloß in den Hals schicken. Und ich weiß es schon jetzt, ich werde fast so etwas wie Heimweh haben. Heimweh? Bin ich denn hier zu Hause? Könnte ich wirklich hier leben?

Wie oft habe ich mich das jetzt schon gefragt. Immer wieder haben Faszination und Fremdheit gewechselt, fast jeden Abend bin ich mit diesem Gedanken zu Bett gegangen. So leben? Alles aufgeben? Die Verfügungsgewalt über meine Zeit, meinen Besitz, meinen Willen? Wieder einmal wäge ich ab zwischen all den Vor- und Nachteilen dieses Lebens, zwischen Begeisterung und Kritik, Gut und Schlecht . . . Bilanz ziehen, Soll und Haben auflisten, ja, das muß ich jetzt wohl einmal tun. In meinem Kopf formt sich eine Tabelle mit Positiv- und Negativpunkten.

Was hat mich nicht alles begeistert, berührt und überzeugt! Die Radikalität ihres Lebens, die völlige Hingabe an ihre Überzeugung, das absolute Verlassen auf die Zusagen der Bibel, der Glaube an einen Gott, der für sie wirklich größer ist als alle scheinbaren Sachzwänge des Lebens. Ein Gott, auf den sie sich in der Tat — und nicht nur im Reden — mehr verlassen, als auf alles andere in der Welt. Das ist ein Christsein, wie ich es mir ersehne, ein Lebensstil, der mich überzeugt. Nichts Lauwarmes, Kompromißbereites und Halbgares, wie ich es nur allzuoft von mir kenne. Ihr Glaube bezeugt die reale Kraft Gottes, die hinter ihnen steht. Ein Glaube, der sich nicht ständig in den Grenzen des menschlich Machbaren bewegt, ein Glaube, der den festgesteckten Rahmen von Traditionen, Strukturen, Zeitplänen und Terminkalendern sprengt. Glaube, der sich ereignet, umsetzt in Handlung, nicht stehenbleibt bei endlosen Sonntagsreden und Appellen.

Da ist die spürbare Liebe unter diesen Menschen, das Bemühen um Verständnis und Annahme weit über menschliche Sympathie oder Antipathie hinaus. Sicher wird es auch hier Zorn, Neid, Eifersucht und Streit geben. Aber ich habe in dieser Zeit nichts davon gesehen, kein böses Wort ist mir begegnet, keine Ablehnung, keine Ungeduld. Ich habe heile Familien gesehen, heile Ehen, heile Beziehungen. Es gibt kaum gravierende Generationskonflikte, Alt und Jung sind ein Herz und eine Seele, weil sie gemeinsam unterwegs sind zu einem Ziel, weil die Alten das vorleben, was die Jungen gerne leben wollen, weil sie ihre Schwäche zugeben, sich nicht überheben, ernst nehmen. Ich habe hier Ehrfurcht und Respekt vor den Älteren gesehen, wie selten sonst, weil ehrfurcht- und respektgebietende Menschen hier sind, wie selten sonst.

Der Hof strahlt eine Atmosphäre der Ruhe, Geborgenheit und Liebe aus. Gewaltlosigkeit ist nicht nur ein Schlagwort für Friedensdemonstrationen, sondern gelebter Alltag. Vergebung wird praktiziert, ehrliches Aufeinanderzugehen, Vergessen des Bösen, das man einander angetan hat. Menschliche Beziehungen sind wichtig, Menschen sind wichtig, nicht Sachen. Sein ist wichtig, nicht Haben. Qualität, nicht Quantität, Tun, nicht Reden, Liebe statt Konkurrenzkampf. Vieles könnte man auflisten, vieles, was man mit Worten nicht wiedergeben kann, Atmosphäre, Geist.

Aber da ist natürlich auch das Andere, Fremde, Inkonsequente, Halbe, Allzumenschliche, das auch erwähnt werden muß, wenn man Bilanz zieht.

Das, was mich um ihrer selbst willen am meisten schmerzt, ist sicher, daß ihre Gemeinschaft — so gut dies auch aus ihrer Geschichte zu erklären ist — immer noch an einem wesentlichen Erbteil Eberhard Arnolds und der damaligen Erweckungsbewegung vorbeigeht: Der Bruderhof hat gesammelt, und viele sind gekommen — aber er sendet zu wenig. Der Erhalt der Gemeinschaft beansprucht allzuviel Zeit, Kraft und Menschen. Die meisten Bruderhöfer arbeiten in der Unterhaltung und Erhaltung der Gemeinschaft, die besten Kräfte richten sich auf Holz und Metall, anstatt auf sehnsüchtig nach Sinn suchende Menschen, die dieses Vorbild eines heilen Lebens kennenlernen müßten. Der Bruderhof sitzt auf seinem größten Reichtum wie Dagobert Duck auf seinen Geldsäcken. Die Menschen sind im Hof versammelt wie Ducks Taler im Geldspeicher. Der Speicher kann besichtigt werden, es gibt Führungen, der Glanz des Goldes kann bestaunt werden — aber das Geld bleibt drin. Das Leben dieser Menschen, das so vielen etwas zu sagen hätte, findet fern vom Schuß statt. Die Stadt auf dem Berg ist nicht zu übersehen, aber ihr Leben spielt sich innerhalb der Stadtmauern ab und der Einblick ist nicht leicht. Pazifismus, Gütergemeinschaft, Liebe, Gottvertrauen — ein mächtig scharfer Stachel im Fleisch der Welt. Aber das Fleisch ist viel zu weit entfernt vom Stachel.

Auf der anderen Seite — wer bin ich und wo komme ich her, um genau das mit scharfen Worten anzugreifen? Wie lebe ich selber denn? Wie leben die mitteleuropäischen Christen in den Festungen ihrer Gemeindehäuser, durch deren weit offene Türen so selten jemand Einblick nimmt? Wie präsent sind wir denn mit unserem christlichen Lebensstil in der Gesellschaft? Wo die Bruderhöfe noch etwas zu zeigen hätten, haben unsere leeren Kirchen und entleerten Traditionen doch kaum jemandem etwas zu sagen — auch wenn sich wider Erwarten einer dafür interessierte. Wo die Bruderhöfe ein geschlossenes, in sich stimmendes Bild des Christseins vermitteln, gibt es in unseren Kirchen endlosen Streit und Richtungskämpfe, und für jeden ist so gut wie alles möglich. Wir mitteleuropäischen Christen leben zwar mitten in der Welt und sind vielleicht auch sichtbar — aber unser Stachel ist stumpf geworden und reizt nicht einmal mehr zum Widerspruch. Und vielleicht sind wir ja gerade deswegen so lauwarm und gleichgültig geworden, weil wir uns so intensiv vermischt haben mit dem Lebensstil des immer Mehr, immer Besser, immer Größer, weil wir darin aufgegangen sind, für uns selbst etwas haben zu wollen, statt für andere etwas zu sein. Profillos sind wir Christen geworden, zum Verwechseln ähnlich mit jedem anderen braven Bürger auch. Das Salz, das wir laut Bergpredigt sein sollten, hat seine Kraft verloren, würzt nicht mehr.

Aber Salz kann nicht nur darum seine Funktion verlieren, weil es kraftlos geworden ist. Auch würziges, funktionsfähiges Salz kann seine Bestimmung verfehlen:

Wenn es im Salzstreuer bleibt nämlich. Und dieser speziellen Bruderhofgefahr ist man sich auf den Höfen gerade in den letzten Jahren verstärkt bewußt geworden. Das schönste Salz nützt nichts, wenn es nicht in die Suppe der Welt eingebracht wird. Aber die Höfe sind wach geworden an dieser Stelle. Eine neue Phase ist angebrochen. Nach der inneren Kräftigung und Festigung der Gemeinschaft hat man gerade in den letzten Jahren wieder stärker begonnen, auf die Welt zuzugehen.

Aber da ist noch viel — verständliche — Angst zu überwinden: Erneute Öffnung? Wird uns das nicht gefährlich werden? Werden wir unsere Identität erhalten können? Werden wir mit den Gefahren fertig werden, denen wir uns aussetzen? Ist das nicht schon einmal schief gegangen in unserer Geschichte? Verlangen nicht Gemeinschaft, Familien, Kinder, Arbeit schon den ganzen Einsatz? Wird das Neue nicht die Einheit zerstören? Viele berechtigte Ängste. Nur langsam wird sich da Neues entwickeln können. Aber der Gott, der sie sicher und geborgen durch ein konfuses Jahrhundert gesteuert hat, müßte sie auch mit diesen Problemen fertig werden lassen können.

Daß die Gemeinschaft selber irgendwann einmal wichtiger werden kann als Christus — dieser Gefahr sind sich die Höfe immer bewußt. Aber haben sich da nicht tatsächlich schon manche Sachzwänge eingeschlichen, die die konkurrenzlose Wichtigkeit Jesu anzweifeln?

In den ersten Jahren unter Eberhard Arnold quoll die Gemeinschaft über vor Besuchern. 30 Leute hatten 1 000 Gäste. Heute droht sich das Verhältnis umzukehren: 1 000 Gemeinschaftler haben 30 Besucher. Auch Konferenzen, Tagungen und Missionseinsätze gibt es nicht mehr so, wie es unter Eberhard Arnold gang und gäbe war. Das erste Feuer ist erloschen. Aber diese Probleme sind erkannt auf dem Hof. Man ist aufgebrochen, ist unterwegs. Und vielleicht müssen sie es sich immer wieder selber sagen, daß ihre Sicherheit weder in einer noch so guten Führung, noch in noch so sorgfältig überlegten Plänen steckt, sondern in dem Gott, der sie bisher erhalten hat und der auch die zukünftigen Risiken ihres Weges tragen wird.

Ein anderer Kritikpunkt, der demjenigen wehtut, der sich ein ungebrochen ideales Bild urchristlicher Gemeinschaft wünscht, ist die übergroße Betonung der Lehre und des Lebens Eberhard Arnolds (obwohl dabei ausgerechnet an seiner Betonung von Mission ein bißchen vorbeigesehen wird) und die relativ dazu geringere aktuelle Bedeutung der Bibel. Sicher, die Aussagen und Gedanken Eberhard Arnolds und der Hutterer beziehen sich auf die Bibel. Aber der direkte, alltägliche und dynamische Zugang zu ihr scheint den Bruderhöfern manchmal seltsam verstellt. Sie lesen die Bibel durch die Bücher und Gedanken Eberhard Arnolds. Sie fragen nach den Antworten, die Heini-Vetter, Eberhard-Vetter oder die alten Hutterer gegeben haben, eher, als nach den Antworten, die ihnen die lebendige Bibel heute selbst zu geben hätte.

Auch das scheint erklärbar. Hat man doch immer wieder gefunden, wie gefährlich es war, sich vom Zeugnis Arnolds und der Hutterer abzuwenden und auf eigene Ideen zu verlassen. Gerade erst hat man ja wieder so ein positives Verhältnis zu ihnen gewonnen. Aber „arnoldsche" oder hutterische Lehren und die Bibel sind ja keine Alternative. Wirklicher Schutz vor negativen eigenen Ideen, vor Einseitigkeiten und Ungleichgewichten wäre ja eigentlich das stets gleichbleibende Wort der Bibel, das für jeden von ihnen zugänglich ist. Und doch hat man auf dem Bruderhof manchmal den Eindruck, als seien die Originaltexte der Bibel verlorengegangen und als könne man sie nur noch durch „arnoldsche" oder hutterische Sekundärliteratur erschließen. Die Bibel als Quelle täglicher Erneuerung, als tägliches Korrektiv, als unmittelbare Ansprache Gottes — wie sie das für Eberhard Arnold war — scheint manchmal etwas in den Hintergrund gedrängt.

Entsprechend gering ist auch die Rolle der Theologie auf den Bruderhöfen. Theologie — das ist in Amerika sowieso ein eher negativ belastetes Wort, in dem trockene Auseinandersetzung und hohle Phrasendrescherei viel eher mitschwingt als lebendiges Leben. Sicher nicht ganz ohne Grund — das wird man auch für Deutschland so sagen können. Letztlich aber ist eine saubere Theologie, exakte, lebensnahe Aussagen über Gott und den Glauben das einzige, was von menschlichen Abhängigkeiten befreien kann und Menschen selbständig macht, ihren Glauben zu leben. Auf den Bruderhöfen aber wird theologisches Wissen eher vererbt als studiert, eine formale Pastorenausbildung gibt es nicht, ehemalige Theologen schmirgeln heute Schaukelpferde.

Sieht man allerdings wieder auf die kirchliche Wirklichkeit Deutschlands, läßt sich den Bruderhöfen daraus wenig Hilfe anbieten. Theologie und Leben haben meist wenig miteinander zu tun, selbständiger Glaube ist auch hier selten. Strukturen, Formen und Traditionen haben wirkliches geistliches Leben oft erdrückt. Aber die Antwort für unsere Situation ist dieselbe wie für die Bruderhöfe: Wirkliches Leben, eindeutige Richtung, tägliche Erneuerung gibt es nicht durch Formen und Traditionen, sondern nur an der Quelle. Ohne eigenes ständiges Hören auf Gottes

„Originalton" an uns und ohne eine wirkliche Beziehung zu ihm erstickt das Leben.

Ein Stolperstein für jeden Außenstehenden ist mit Sicherheit immer wieder die Tracht und die sehr eigenartige, willkürlich geprägte Lebensart der Hutterer. Die Bedeutung der inneren Einheit für das Leben der Gemeinschaft kann zweifellos gar nicht überschätzt werden. Aber daß innere Einheit soviel äußere Anpassung verlangen soll, scheint mir schwer einsehbar und ist ein recht hoher Preis für die Einheit mit den Althutterern. Tracht und Tradition bauen so für Außenstehende manche zusätzliche Hürde auf. Das „Ärgernis des Kreuzes" wird hier erweitert durch ein „Ärgernis" der Anpassung an äußere Formen. Nun — dies ist ihr persönlicher Stil der Nachfolge, und wer vor diesen äußeren Formen zurückschreckt, der hat vom Inneren ihres Lebens noch nicht viel begriffen, könnte man sagen.

Aber auch die inneren Aspekte ihres Einheitsbegriffs geben mir zu denken. Ohne innere Einheit gibt es oft kein Handeln und Vorwärtsgehen auf den Höfen. Wo Uneinigkeit herrscht, fehlt die Kraft zum Handeln. Eigentlich ein guter und richtiger Gedanke. Kirchen wie unsere, in der es „Friedensdienst mit und ohne Waffen" gibt, in denen man aktiv sein kann oder auch nicht, reich oder auch arm, charismatisch oder missionarisch orientiert, links oder rechts — in der also so gut wie alles möglich scheint, sind nicht gerade eine überzeugende Einrichtung.

Aber kann man vollständige Einheit wirklich jemals erlangen? Und was ist Einheit? Etwas Emotionales, Flüchtiges, was kommt und geht und was ich fühle oder eben vermisse? Oder ist sie das unbedingte, willentliche Festhalten an einmal gemeinsam gesteckten Zielen? Ist sie durch menschliche Übereinstimmung zu erreichen oder ein Geschenk Gottes? Gibt es nicht auch Einheit trotz Meinungsverschiedenheiten? Sind Menschen überhaupt in der Lage, länger als momentan Einheit zu empfinden? Muß man aber nicht trotzdem handeln? Darf man warten darauf, daß man sich völlig einig fühlt, wenn die Probleme drängen? Mir scheint, daß Einheit — je nach Verständnis — entweder nie möglich ist, weil wir alle voller Fehler und Schwächen stecken und nie den „goldenen Moment" erreichen — oder Einheit ist immer möglich, trotz unserer Schwächen, weil es einfach darum geht, gemeinsam festzuhalten an einem einmal gesteckten Ziel. Auf Einheit warten, um zu handeln? Eine problematische Grundüberzeugung der Höfe. Aber mangels überzeugender Alternativen habe auch ich keine Antwort.

Fraglich scheint mir in diesem Zusammenhang auch, ob Unterordnung unter den Willen Gottes stets auch Unterordnung unter den Willen der Gemeinschaft einschließen muß. Nein, niemand wird hier durch die Gemeinschaft vergewaltigt, dafür sorgt das Konsensmodell, der Einheitsgedanke: Jeder muß zustimmen bei wichtigen Entscheidungen, sonst wird vertagt. Aber schleicht sich da durch den Alltag und all die kleinen und großen menschlichen Schwächen nicht doch manchmal etwas ein, wo der individuelle Wille sich unnötig dem gemeinsamen beugen muß? Wird da nicht doch manche Entscheidung nur noch von oben getroffen? Ist jeder wirklich mit allem einverstanden — oder nur zu müde, um nach einem langen Arbeitstag noch zu widersprechen? Daß nicht jeder alle Entscheidungen der Gemeinschaft gleich gut vertreten kann, beweist eine gewisse Unmündigkeit mancher Bruderhöfer bei „gemeinschaftsideologischen" Fragen („Frag Christoph danach, der kann dir das erklären . . ."). Aber muß es andererseits nicht so sein in einer Gemeinschaft? Kann denn wirklich alles ausdiskutiert werden, muß man sich nicht um des Fortgangs willen und des höheren Zieles willen in Kleinigkeiten beugen? Offene Fragen, die schwer zu beantworten sind.

Kritik und Lob — mein inneres Konto hat sich mit langen Kolumnen gefüllt. Nachteile sind gegen Vorteile abgewogen, Pro und Contra klargestellt. Wohin also neigt sich die Schale der Waage?

Aber — kann man das wirklich so machen? Kann man einfach einen Strich ziehen, Vor- und Nachteile zusammenrechnen und sich dann anhand dieser Rechnung für das eine oder andere entscheiden? Bestimmen Vor- und Nachteile wirklich die Entscheidung für eine Art, zu leben? Nein, wenn ich bei diesem Abwägen stehenbleibe, dann habe ich das Leben dieser Menschen gar nicht verstanden, dann habe ich die Bibel nicht verstanden. Ein Leben in urchristlicher Gemeinschaft, ein Leben in völliger Abhängigkeit von Gott ist keine Sache der besseren von zwei Möglichkeiten. Wer sich dafür entscheidet, der fragt nicht nach Vor- und Nachteilen und danach, was ihm das bringt. Wer so lebt, der kann nicht anders. Der ist ergriffen von Gott, berufen. Der muß so leben, der will es, koste es, was es wolle. Gewinn- und Verlustrechnungen werden dem gar nicht gerecht. Nicht Quantität entscheidet hier, um eine ganz andere Qualität geht es.

Fehler und Schwächen, Vorteile und Stärken der Bruderhöfe sagen nichts aus über die Richtigkeit ihres Lebens. Ob ich so leben soll, das kann ich nur mit meinen inneren Augen erfassen, das kann man nur geistlich sehen. Wer dieses Leben aus eigener Kraft versucht, dem wird bald die eigene Kraft ausgehen. Gemeinschaft, Urchristentum und Gewaltlosigkeit als erfolgversprechende Methode, als Antwort auf die Frage nach einem möglichst optimalen, alternativen oder befriedigenden Lebensstil — darum geht es nicht. Ein bißchen Friedensbewegung, Ökotrip und Müsli-Sympathie, Liebe unter den Menschen, Kränze im Haar und Rückzug in die Innerlichkeit machen noch keinen Hutterer. Aussteiger kommen hier nicht auf ihre Kosten. So leben kann nur der, den es gepackt hat, den Christus gepackt hat, der sich gerufen fühlt und der diesem Ruf gehorsam sein will. In diesem Sinne bedeutet zum Bruderhof kommen immer auch, zu Gott kommen.

So leben, das heißt, zum Leiden bereit sein, das heißt, sich völlig ausliefern, seine eigenen Pläne sterben lassen, Gott ganz bestimmen lassen, ihm in allem zu vertrauen. Und ich? Wußte ich das denn nicht auch schon vor zwei Monaten Bruderhoferfahrung? Doch. Aber diese Menschen leben all das und nehmen es ernst, was ich bisher nur für wahr und richtig halte. Genau dies — tun, was man glaubt, dem folgen, was man eigentlich längst weiß, das fehlt mir immer wieder. Und deswegen brauche ich diese Stadt auf dem Berg, diesen Bruderhof hinter den sieben Bergen, der mir Heimweh macht — nach einer anderen Wirklichkeit. Der mir Mut macht, mehr zu riskieren, mehr hinzugeben, mich hinzugeben.

Aber wir brauchen auch einander. Auch die Bruderhöfe brauchen die Erfahrungen deutscher Gemeinden. Den Mut deutscher Christen, nicht in ihrem eigenen Saft steckenzubleiben, das Vorbild deutscher Christen, die sich ganz auf Christus verlassen und täglich neu nach seinem Willen für ihr Leben fragen, täglich neu Gott im Originalton zu sich sprechen lassen, und das Eingeständnis, dies alles zu wollen — und auch nicht immer zu schaffen. Wir brauchen einander. Wir brauchen die Herausforderung, die wir einander sind.

Die wichtigste Erfahrung des Bruderhofs aber bleibt eine, die ich eigentlich auch schon längst wußte, die jeder Christ kennt und die hier nur noch deutlicher wird, als im normalen Alltag einer Gemeinde. Formen — und seien sie noch so radikal — können das Leben nicht ersetzen. Auch radikalste Strukturen, urchristlichster Lebensstil und beste Gemeinschaftsorganisation garantieren kein Leben. Gemeinschaft und Pazifismus, Bruderhof oder Gemeindehaus bringen mich Gott letztlich kein Stück näher. Vom Drang zum „Mein" und „Ich" befreit nicht die Gütergemeinschaft, sondern der Heilige Geist. Und der „weht, wo er will", und läßt sich selbst durch radikale Strukturen nicht zwingen. Leben liegt nicht in den Formen, Leben kommt allein von Gott.

Könnte ich so leben wie die Bruderhöfer? Jeder kann es. Aber keiner kann es ohne eine aktive und lebendige Beziehung zur Kraftquelle dieses Lebens. Keiner kann es ohne tägliche Auslieferung an die Liebe Gottes, die alle Grenzen und Unfähigkeiten hinwegschwemmen kann. Das eigentlich Revolutionäre ist etwas Inneres. Gemeinschaft lebenslänglich — das ist die tägliche Revolution Gottes in uns.

Ein Vorwort . . .

. . . das ein Nachwort ist. Ich mag keine Vorworte. Sie hindern mich auf magische Weise daran, ein Buch zu lesen. Entweder bleibe ich schon beim Vorwort stecken — und habe hinterher keine Lust mehr, das Buch selber zu lesen, oder ich entscheide mich heroisch für den Frevel, das Vorwort ganz einfach auszulassen — und frage mich dann bei jedem Kapitel dreimal, ob ich jetzt möglicherweise den entscheidenden Schlüssel zu diesem Buch ignoriert habe. Also ein Nachwort. Wenn Sie bis hierher gekommen sind, schaffen Sie die paar Seiten auch noch. Ich will ja auch nur noch ein bißchen zu den äußeren Bedingungen erzählen, unter denen dieses Buch entstanden ist.

Meine Frau Christel und ich sind im Sommer 1983 etwa vier Wochen im Woodcrest-Bruderhof zu Gast gewesen. Dabei haben wir auch je zwei Tage die beiden anderen amerikanischen Höfe besucht. Im Herbst 1984 sind wir dann noch einmal für gut drei Wochen nach Woodcrest gefahren und erhielten dabei großzügig Einblick in das Archiv der Gemeinschaft. Alle geschilderten Erlebnisse dieses Buches sind wahr. Verändert habe ich beim Schreiben lediglich die Reihenfolge der Ereignisse und einige wenige Namen — da, wo sie nicht mehr eindeutig festzustellen waren.

Ohne die großzügige Mithilfe der Bruderhöfe wäre dieses Buch nicht zustande gekommen. Wir sind dort nicht nur mit sehr viel Liebe und Offenheit aufgenommen worden, sondern haben mit Rat und Tat Unterstützung für dieses Buch erfahren, ohne daß sich daraus für uns inhaltlich eine belastende Verpflichtung ergab. Im Laufe der Geschichte dieses Buches ist so eine herzliche Freundschaft und Bruderschaft mit den Höfen gewachsen, die dieses Buch überdauern wird. Besonders danken möchte ich an dieser Stelle unserem „alten Oberförster“ Hermann Arnold, der den eigentlichen Anstoß zu diesem Buch gab und uns bei unseren Aufenthalten wie eine zweite Mutter betreut hat. Danke auch an die Archiv-Mannschaft in Woodcrest, an Hela, Winifred und Miriam und an Arnold und Gladys Mason, die mir ihren Schreibtisch geräumt haben. Viele gute Gespräche und Snacks verbinden uns. Es liegt in der Natur einer so großen Gemeinschaft, nicht alle aufzählen zu können, denen wir gerne danken möchten. Deswegen hier ein gesammeltes Dankeschön an alle für Gastfreundschaft und Ermutigung — auch an die anderen Höfe, die in diesem Buch nicht so stark vorkommen, in meinem Bild der Höfe aber eine wirkliche Rolle spielen.

Ein sehr spezieller Dank gilt meiner Frau Christel für unsere „Gemeinschaft lebenslänglich“, die mir den nötigen Rückhalt für das Schreiben gab. Christels konstruktive Kritik hat mich geärgert und ermutigt, ihr großer Einsatz beim Schreiben, Lesen, Erinnern und Zusammenstellen war sehr hilfreich, ihr Verzicht auf ein Stück Gemeinschaft an langen Abenden des Schreibens und Brütens hat dieses Buch möglich gemacht. Danke — für noch viel mehr als das.

Mancher Leser wird sich gefragt haben, was es heute noch von den einstigen Gebäuden der Gemeinschaft in Deutschland zu sehen gibt. Nicht wenig: Der erste Bruderhof in Sannerz ist — als simples Mietshaus — noch heute im Dörfchen Sannerz, nahe Schlüchtern, zu sehen. Sogar das Gasthaus Lotzenius liegt noch schräg gegenüber. Auch die sieben Einzelhöfe des Sparhofs, des Rhön-

Bruderhofs bei Veitsteinbach (nahe Schlüchtern) werden noch häufig von jungen Bruderhöfern auf einer Fahrt zu ihren deutschen Wurzeln besichtigt. Lediglich das Haupthaus ist im Zweiten Weltkrieg durch Artilleriebeschuß zerstört worden. Der kleine Friedhof des Bruderhofs, der noch heute der Gemeinschaft gehört, liegt nur wenige hundert Meter hinter dem Sparhof auf einem Höhenrücken. Eberhard Arnold ist hier begraben. In Liechtenstein ist der Alm-Bruderhof Silum mittlerweile wieder zu seiner Bestimmung als Berggasthof auf 1600 Meter Höhe zurückgekehrt und jedem zugänglich.

Ein Buch über eine Gemeinschaft wie diese kann nie vollständig sein. Zu vieles gäbe es da zu schreiben, zu vieles habe ich vergessen oder unerwähnt gelassen. Mehr als 60 Jahre Geschichte und das Leben von mehr als 1000 Gemeinschaftlern lassen sich nicht in ein kleines Taschenbuch pressen. Vieles von dem, was ich geschrieben habe, wird erst recht verständlich, wenn man versucht, es durch denselben Geist der Liebe, Demut und Unterordnung unter jenen Herrn zu sehen, auf dessen Spuren die Bruderhöfe unterwegs sind. Vieles wird man besser verstehen, wenn man die Gemeinschaft einmal selbst besucht. Ernsthaften Fragern öffnen die Höfe ihre Häuser gern. Die Adressen stehen im Anhang.

Wer noch mehr über die Höfe wissen möchte, sei an einige andere Bücher von Eberhard Arnold oder seiner Frau Emmy erinnert, die in Deutschland erschienen sind. Es lohnt sich, tiefer zu forschen. Soweit es meine Zeit erlaubt, bin ich gerne bereit, von unserer hier geschilderten Reise zu erzählen und Dias zu zeigen (Bundes-Verlag, Postfach 4065, 5810 Witten).

Schließlich wünschte ich mir, daß dieses Buch nicht

mißverstanden wird als „alternativ“ gefärbtes Mode-Büchlein über ein paar exotische Aussteiger jenseits des großen Teichs. Dies soll das Buch eines Betroffenen sein, der sich wie viele andere auch nach einem überzeugenderen und erfüllten Leben sehnt. Letztlich geht es hier nicht um Hutterer, Pazifismus oder Gütergemeinschaft, sondern um jeden von uns: Um unsere Sehnsucht nach Gemeinschaft und Liebe, um die Unmöglichkeit, sie aus eigener Kraft zu leben, und um den, durch den Umkehr zum Leben erst möglich wird.

Fragen zur Aufnahme ins Noviziat

1. Bist du sicher, daß dieser Weg brüderlicher Gemeinschaft — gegründet in einem festen Glauben an Gott und Christus — der Weg ist, zu dem Gott dich berufen hat?
2. Bist du bereit, dich der Kirchen-Gemeinschaft Christi bis zum Ende deines Lebens vollkommen zur Verfügung zu stellen? Mit allen deinen Fähigkeiten, aller Kraft deines Körpers und deiner Seele und deinem gesamten Besitz — sowohl dem, was dir jetzt gehört, als auch dem, was dir später einmal zufallen wird?
3. Bist du bereit, jede Ermahnung anzunehmen (wo immer sie gerechtfertigt ist) und andersherum zu ermahnen, wenn du im Leben unserer Gemeinschaft etwas bemerken solltest, das klarer sein müßte oder angemessener vom Willen Gottes zeugen könnte — oder wenn du merkst, daß etwas geändert oder abgeschafft werden muß?
4. Bist du fest entschieden, treu und wahr zu bleiben, verbunden mit uns im gegenseitigen Dienst als Brüder und Schwestern, damit unsere Liebe — beim Aufbau der Gemeinschaft, in der Hinwendung zu den Menschen und in der Verkündigung des Evangeliums — noch vollkommener und brennender sein möge?
5. Bist du also bereit, dich selbst vollkommen hinzugeben und dich ohne Vorbehalt an Gott, Jesus Christus und die Brüder zu binden?

In dieser Form zum ersten Mal gebraucht von Heini Arnold am 2. Dezember 1953.

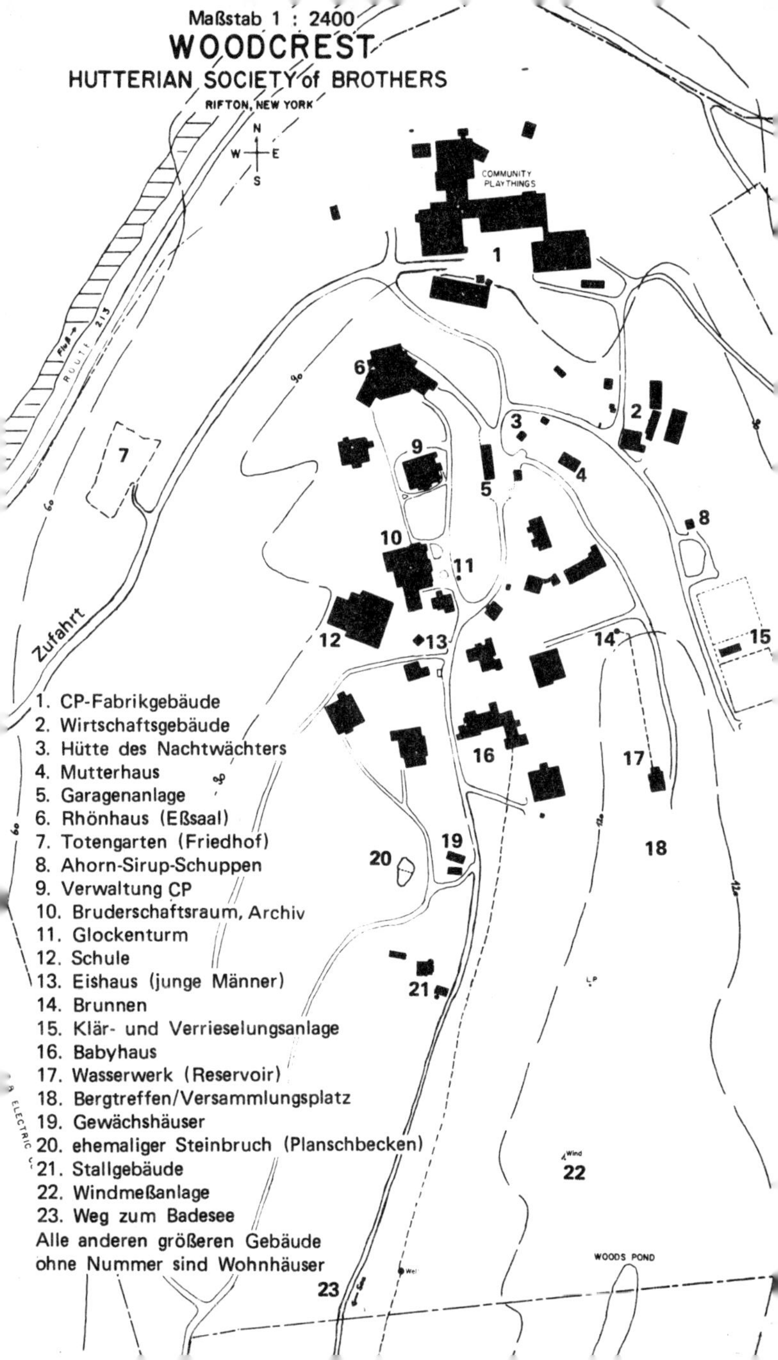

Maßstab 1 : 2400
WOODCREST
HUTTERIAN SOCIETY of BROTHERS
RIFTON, NEW YORK
N
W
E
S
COMMUNITY PLAYTHINGS
ROUTE 213
Zufahrt
WOODS POND
Wind
L.P.
1
2
3
4
5
6
7
8
9
10
11
12
13
14
15
16
17
18
19
20
21
22
23
1. CP-Fabrikgebäude
2. Wirtschaftsgebäude
3. Hütte des Nachtwächters
4. Mutterhaus
5. Garagenanlage
6. Rhönhaus (Eßsaal)
7. Totengarten (Friedhof)
8. Ahorn-Sirup-Schuppen
9. Verwaltung CP
10. Bruderschaftsraum, Archiv
11. Glockenturm
12. Schule
13. Eishaus (junge Männer)
14. Brunnen
15. Klär- und Verrieselungsanlage
16. Babyhaus
17. Wasserwerk (Reservoir)
18. Bergtreffen/Versammlungsplatz
19. Gewächshäuser
20. ehemaliger Steinbruch (Planschbecken)
21. Stallgebäude
22. Windmeßanlage
23. Weg zum Badesee
Alle anderen größeren Gebäude ohne Nummer sind Wohnhäuser

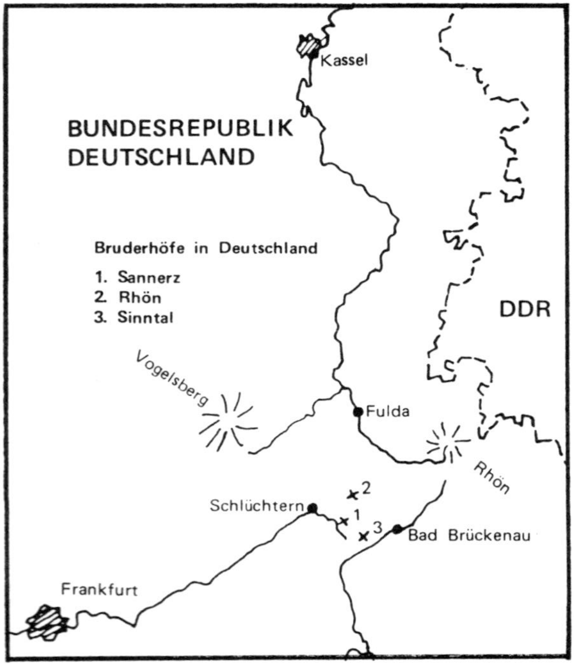
BUNDESREPUBLIK
DEUTSCHLAND
Bruderhöfe in Deutschland
1. Sannerz
2. Rhön
3. Sinntal
Kassel
DDR
Vogelsberg
Fulda
Rhön
Schlüchtern
Bad Brückenau
Frankfurt
1
2
3

Bruderhöfe in England
1. Cotswold
2. Oaksey
3. Wheathill
4. Bulstrode
5. Darvell
Birmingham
ENGLAND
Cheltenham
Gloucester
Bristol
London
Hastings
1
2
3
4
5

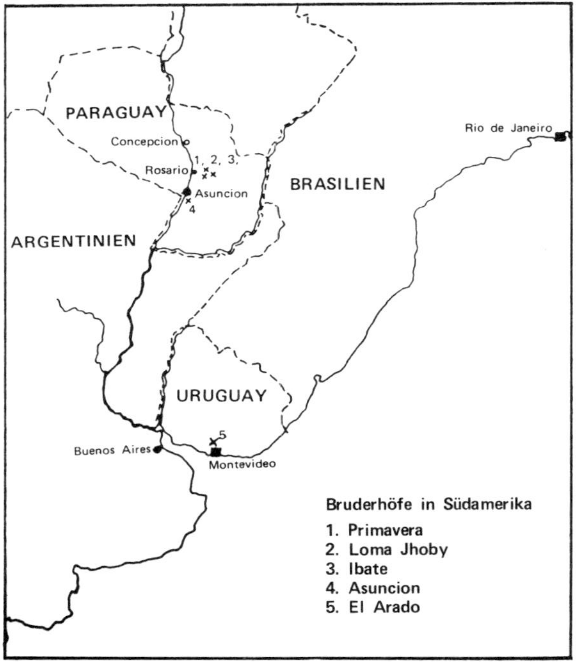
PARAGUAY
Concepcion
1, 2, 3,
Rosario
Asuncion
4
BRASILIEN
ARGENTINIEN
Rio de Janeiro
URUGUAY
5
Buenos Aires
Montevideo
Bruderhöfe in Südamerika
1. Primavera
2. Loma Jhoby
3. Ibate
4. Asuncion
5. El Arado

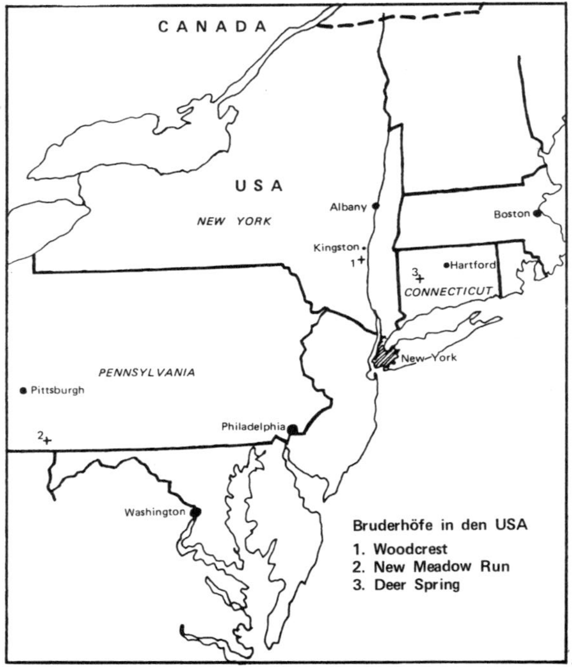
CANADA
USA
NEW YORK
Albany
Kingston
1
Boston
Hartford
3
CONNECTICUT
New-York
PENNSYLVANIA
Pittsburgh
2
Philadelphia
Washington
Bruderhöfe in den USA
1. Woodcrest
2. New Meadow Run
3. Deer Spring

Chronik der Bruderhöfe

Sannerz (D)	1920 — 1927
Rhön (D)	1926 — 1937
Alm (Li)	1934 — 1938
Cotswold (GB)	1936 — 1941
Oaksey (GB)	1939-1941
Primavera (P)	1941 — 1961
Wheathill (GB)	1942 — 1961
Loma Jhoby (P)	1942 — 1961
Asuncion (P)	1942 — 1961
Ibate (P)	1947 — 1961
El Arado (Ur)	1953 — 1960
Woodcrest (USA)	1954 — heute – →
Forest River (USA)	1955-1957
Sinntal (D)	1955 — 1961
(Oak Lake) New Meadow Run (USA)	1957 — heute – →
Bulstrode (GB)	1958 — 1966
(Evergreen) Deer Spring (USA)	1958 — heute – →
Darvell (GB)	1971 — heute – →

Weitere Bücher zum Thema:

1. Texte von Eberhard Arnold

Eberhard Arnold, „Gemeinsames Leben — wozu?“, Präsenz-Verlag, 1978
Eberhard Arnold, „Salz und Licht“, Brendow-Verlag, 1982
Eberhard Arnold, „Die Revolution Gottes“, Radius-Verlag, 1984

2. Geschichte der Bruderhöfe

Emmy Arnold, „Gegen den Strom“, Brendow-Verlag, 1983
Ulrich Linse, „Zurück, o Mensch zu Mutter Erde“, DTV, 1983

3. Hutterer

Michael Holzach, „Das vergessene Volk“, DTV, 1982

Weitere Literatur von Eberhard Arnold und Mitgliedern der Bruderhöfe (teilweise in Englisch) über:
Plough Publishing, Woodcrest, Rifton, N. Y. 12471, USA

Zeitschriften

„The Plough“, Zeitschrift der Bruderhöfe, erscheint seit Ende 1983 etwa sechsmal im Jahr.

Adressen:

Hutterian Society of Brothers
Woodcrest, Rifton, N. Y. 12471, USA
New Meadow Run, Farmington, PA 15437, USA
Deer Spring, Norfolk, Connecticut 06058, USA

Darvell, Robertsbridge, E. Sussex TN32 5 DR, England